POSTRES
Y OTRAS DULCERÍAS

POSTRES Y OTRAS DULCERÍAS

PAMELA RODRÍGUEZ RODRÍGUEZ

Autora del blog Uno de dos

LAROUSSE

Dirección Editorial
Jordi Induráin Pons

Coordinación de la edición
Àngels Casanovas Freixas

Maquetación
Joseba Martín Vaquero
Nicolás Sívori Filisetti

Logotipo Uno de dos
Se ha ido ya mamá

Pictogramas/ilustraciones
Romualdo Faura Bernabé

Textos y fotografías
Pamela Rodríguez Rodríguez

Portada y lettering
Iván Castro

Correcciones
Àngels Olivera y Laura del Barrio

Preimpresión
José M. Díaz de Mendívil

Mallorca, 45, 2.ª planta (08029 Barcelona)
Telf.: 93 241 35 05 - Fax: 93 241 35 07
larousse@larousse.es - www.larousse.es

Primera edición: 2015

ISBN: 978-84-16124-92-3
Depósito legal: B-2211-2015
1E2I

PRÓLOGO

MIKEL LÓPEZ ITURRIAGA · EL COMIDISTA

No soy goloso. No me entusiasman los dulces. Salvo contadas excepciones de recetas nivel inframonguer, las tartas y los bizcochos me salen fatal. No me llamó Dios por el camino de la repostería, y solo de pensar en una manga pastelera, me entran sudores fríos.

¿Qué pinto yo entonces en un libro de postres? Esta pregunta me ha rondado la cabeza desde que, en un arrebato de insensatez, Pamela Rodríguez me pidió que prologara su estreno editorial, y en otro arrebato de insensatez todavía mayor, yo le dije que sí.

Supongo que, a pesar de mis remilgos pasteleros, conservo aún un pequeño trozo de cerebro sin deteriorar que me permite apreciar el trabajo de Uno de Dos. Las recetas, de esas que aparecen en las meriendas de tus sueños o se materializan en tus actos alimentarios más pecaminosos. Las imágenes, siempre apetecibles. El diseño, tan limpio como un molde sin estrenar. El cuidado por el detalle, que al final es lo que diferencia una buena publicación de una cutrez.

Este es un libro de repostería de verdad. De la buena. La que huye de las tontunas chillonas y los kilos de azúcar en forma de fondant que han asolado nuestras pastelerías en los últimos años.

Por eso yo, que no me muero por un postre pero sí por un buen bollo, celebro con minifalda y pompones de cheerleader su publicación. Igual hasta me animo a poner en práctica alguna de sus propuestas, aunque dada mi torpeza, me permitirán que los resultados los preserve en la intimidad.

@mikeliturriaga

PRESENTACIÓN

PAMELA RODRÍGUEZ

Como buena gallega me gusta comer bien y soy una golosa empedernida. Con esta premisa no es difícil imaginar que este libro tenía que ser de dulces en su mayoría, aunque también dejo espacio para un capítulo final de masas saladas.

No sabría explicar de dónde viene esta pasión por el azúcar, pero podría deberse a que mi abuela materna y mi madre hacían verdaderas maravillas en la cocina, como podréis comprobar con algunas de las recetas de este libro. También podría ser gracias a mi otra abuela, la paterna, que era la persona más golosa que he conocido nunca y juntas pudimos disfrutar los últimos años que la tuvimos con nosotros de varios momentos de verdadera glotonería. Todavía me río cuando me acuerdo de su sonrisa al verme traerle algo entre manos, sabiendo perfectamente que era un postre.

Así que por una u otra parte crecí rodeada de aromas y sabores que hicieron mella en mí. Acompañar a mi madre en sus recetas y correr a rebañar con auténtico gozo los restos de la cazuela de crema pastelera cada vez que hacía cañas, o meter el dedo en el caramelo recién hecho para el flan, y quemarme, a pesar de su advertencia, por la curiosidad de probar aquel líquido dulzón mientras ella salía un momento de la cocina.

Mi curiosidad era tal que ayudaba en lo que podía a los mayores hasta que con doce años ya cocinaba sola algunas preparaciones sencillas para los postres del fin de semana, que entusiasmaban a mi familia.

Y así pasó el tiempo: desde mi pequeño rincón, a base de ensayo error, con éxitos y fracasos, y sin ninguna experiencia previa o formación, os presento los postres y dulces que he preparado para este ejemplar que tenéis entre manos, además de publicar desde el año 2009 en nuestra bitácora Uno de Dos (www.unodedos.com). La cocina debe ser un disfrute, no una obligación; recordadlo y podréis crear todo lo que imaginéis.

HISTORIA DE UNO DE DOS

JUNIO 1979
Nace la cocinera

FEBRERO 2009
Inicio del blog

MAYO 2009
Nuestro primer comentario

MAYO 2011
Entrevista de El Comidista

SEPTIEMBRE 2013
Llegamos a los 100 000 fans en Facebook

NOVIEMBRE 2013
Ganamos el premio Bitácoras

ENERO 2014
Se engendra *Postres y otras dulcerías*

SOY CINTURÓN BLANCO

RECETAS PARA TODOS: TANTO SI ENTRAS EN LA COCINA POR PRIMERA VEZ COMO SI ERES UN EXPERTO COCINILLAS. IDEAL SI NO TIENES MUCHO TIEMPO LIBRE PARA ESTAR ENTRE FOGONES.

PETIT DE CHOCOLATE

CAPRICHO DE CHOCOLATE EN PEQUEÑAS DOSIS

| 6 raciones
| 20 minutos
| Dificultad baja

INGREDIENTES

Gelatina neutra	**1 hoja**
Chocolate con leche	**200 g**
Nata 35 % mg	**200 g**
Leche	**20 g**
Azúcar glas	**50 g**
Ron añejo	**30 g**

LA GELATINA

Hidrata la hoja de gelatina en agua fría durante 5 minutos. Escúrrela y resérvala.

LA BASE DE CHOCOLATE

Calienta a fuego bajo el chocolate para fundir troceado junto a la nata, la leche y el azúcar glas. Remueve continuamente mientras el chocolate se deshace. Cuando la crema comience a hervir, retírala del fuego y agrega la gelatina mezclándola muy bien para que se deshaga. Añade el licor y vierte la crema en los vasitos de presentación.

EL REPOSO

Refrigera los petit de chocolate durante varias horas o, preferiblemente, durante toda la noche.

UN PLUS

Si los niños van a tomar este postre, sustituye el licor por la misma cantidad de leche.

COCOS DE NARANJA Y CHOCOLATE

LOS COCOS DE SIEMPRE, PERO CON UN TOQUE CÍTRICO

| 20 raciones

| 30 minutos

| Dificultad baja

INGREDIENTES

Claras de huevo............... **180 g**
Azúcar................................ **100 g**
Zumo de naranja .... **8 g**
Ralladura
de naranja............. **1/2 naranja**
Coco rallado...................... **100 g**
Chocolate para fundir .... **100 g**

LA MASA

Precalienta el horno a 200 °C con calor arriba y abajo y sin aire. Monta las claras de huevo a punto de nieve firme. Mientras tanto, agrega el azúcar poco a poco, el zumo y la ralladura de naranja.

Por último, añade el coco rallado despacio y con movimientos envolventes de abajo hacia arriba, evitando que las claras se bajen.

EL HORNEADO

Haz montoncitos de masa, separados entre sí, sobre una bandeja de horno cubierta con papel sulfurizado. Procura que queden elevados, ya que los cocos al hornearse tienden a expandirse y bajar un poco.

Hornea los cocos durante unos 12 minutos, o hasta que la superficie se dore ligeramente. Deja que se enfríen sobre una rejilla antes de bañarlos en el chocolate.

LA DECORACIÓN

Derrite el chocolate al baño María o en el microondas con cuidado de que no se queme. Introduce los cocos hasta la mitad y colócalos sobre una rejilla para que el chocolate se seque.

UN PLUS

Los cocos también son deliciosos si en vez de naranja utilizas limón. Otra opción es aromatizarlos con naranja confitada, ¡es estupenda!

CRUMPSALLS
BISCUITS

PANNACOTTA DE CHOCOLATE BLANCO

EL TRADICIONAL POSTRE ITALIANO CON UN SABOR MUY ESPECIAL A CHOCOLATE

| 4 raciones
| 20 minutos
| Dificultad baja

INGREDIENTES

Gelatina neutra	**2 hojas**
Nata 35% mg	**200 g**
Leche	**50 g**
Azúcar glas	**50 g**
Chocolate blanco	**50 g**
Fresas	**Para decorar**
Pistachos	**Para decorar**

LA GELATINA

Hidrata las hojas de gelatina en agua fría durante 5 minutos. Escúrrela bien y resérvala.

LA PANNACOTTA

Calienta la nata junto a la leche y el azúcar. Una vez que la mezcla adquiera temperatura, agrega el chocolate blanco en trozos y remueve constantemente para que se disuelva. Cuando la crema empiece a hervir, retírala del fuego.

Añade la gelatina neutra y remueve para que se disuelva del todo. Vierte la pannacotta en los vasitos de presentación y refrigera durante al menos 4 horas, o mejor, durante toda la noche.

LA DECORACIÓN

Antes de servir, decora la pannacotta con algunas fresas y pistachos picados.

UN PLUS

Decórala con otras frutas o incluso con chocolate negro o crema de limón.
Puedes aromatizarla con vainilla o cardamomo, por ejemplo.

BIZCOCHO DE LIMÓN Y ARÁNDANOS EN TAZA

DELICIOSO Y TIERNO BIZCOCHO QUE SE PREPARA EN MENOS DE CINCO MINUTOS

| 2 raciones

| 10 minutos

| Dificultad baja

INGREDIENTES

Mantequilla	**30 g**
Azúcar	**60 g**
Huevo (L)	**1**
Nata 35% mg	**30 g**
Harina de repostería	**90 g**
Levadura química	**4 g**
Arándanos congelados	**50 g**
Ralladura de limón	**1/2 limón**

LA MASA

Puedes preparar la mezcla directamente en la taza o bien en un recipiente aparte. Derrite la mantequilla durante unos segundos. Agrega el resto de ingredientes en este orden: el azúcar, el huevo, la nata, la harina y la levadura química.

Remueve muy bien con un tenedor o una varilla pequeña hasta que obtengas una masa homogénea, y esparce por encima los arándanos, empujándolos un poco hacia abajo para que se distribuyan por toda la masa y no se queden tan solo en la superficie.

LA COCCIÓN

Cuece el bizcocho durante 1 minuto y medio en un microondas de 800 W. Ajusta el tiempo según la potencia de tu aparato. Sirve templado.

UN PLUS

La idea de este bizcocho en taza es tener un dulce listo en menos de 5 minutos.
Si quieres, también puedes triplicar las cantidades para elaborar un bizcocho de tamaño normal en el horno.

MOLINILLOS DE QUESO Y FRUTOS ROJOS

HOJALDRE, FRUTA Y QUESO: LA COMBINACIÓN PERFECTA

| 6 raciones
| 30 minutos
| Dificultad baja

INGREDIENTES

Hojaldre fresco .... **1 lámina**
Frutos rojos .... **200 g**
Agua .... **30 g**
Zumo de limón .... **15 g**
Azúcar .... **45 g**
Queso mascarpone .... **Para rellenar**
Clara de huevo .... **Para pincelar**
Azúcar moreno .... **Para decorar**

LA CONFITURA

Lava con cuidado los frutos rojos. Aparte, en un cazo, pon el agua, el zumo de limón, el azúcar y los frutos rojos, y lleva a ebullición. Deja que cueza a fuego medio durante 10 minutos, moviendo de vez en cuando el cazo, hasta que obtengas una especie de almíbar con frutas. Retira del fuego y deja que se enfríe.

LOS MOLINILLOS

Calienta el horno a 220 °C con calor arriba y abajo sin aire. Estira con cuidado la lámina de hojaldre sobre una bandeja apta para el horno. Corta la masa en seis cuadrados iguales con la ayuda de un cuchillo bien afilado. Divide por la mitad cada esquina del cuadrado sin llegar al centro.

En el centro de cada cuadrado, pon una cucharada de queso mascarpone al gusto, y encima coloca parte de la reducción de frutos rojos, y lleva hacia el centro las cuatro esquinas alternas de cada porción de hojaldre para formar un molinillo.

EL HORNEADO

Sella con un poco de clara de huevo las esquinas centrales del molinillo para que no se suelten, pincela el resto de la masa y espolvorea con azúcar moreno. Hornea hasta que el hojaldre esté ligeramente dorado y haya subido (el tiempo dependerá del tipo de horno).

UN PLUS

Elige el relleno a tu gusto para tener otras opciones, incluso saladas.

SÁNDWICH DE FRESA

UN DELICADO BOCADO PARA SORPRENDER A TUS INVITADOS

| 24 raciones
| 1 hora y media
| Dificultad baja

PARA LA MASA

Mantequilla .... **200 g**
Azúcar glas .... **125 g**
Huevo (M) **1**
Harina de trigo .... **400 g**
Sal .... **Una pizca**
Chocolate blanco .... **Para decorar**
Frambuesas .... **Para decorar**

PARA EL RELLENO

Mantequilla .... **70 g**
Azúcar glas .... **30 g**
Sal .... **Una pizca**
Mermelada de fresa....... **2 cdas**

LAS GALLETAS

Bate la mantequilla con el azúcar hasta que obtengas una crema suave. Agrega el huevo y la pizca de sal, y mezcla hasta que se integre todo. Por último, añade la harina poco a poco, hasta que obtengas una masa lisa y ligeramente pegajosa. Forma una bola, aplástala y envuélvela en film transparente, y refrigérala durante al menos 2 horas.

Precalienta el horno a 180 °C con calor arriba y abajo y sin aire. Una vez la masa esté fría, estírala con la ayuda de un rodillo hasta que tenga un grosor de medio centímetro. Corta porciones con un cortapastas y, con cuidado, pasa las galletas a una bandeja con papel de horno.

Hornea las galletas durante unos 10-12 minutos, justo hasta que los bordes empiecen a dorarse. Saca las galletas del horno, déjalas en la bandeja durante 5 minutos y pásalas a una rejilla hasta que se enfríen.

EL RELLENO

Mezcla la mantequilla con el azúcar hasta que se forme una crema suave, añade la pizca de sal y la mermelada de fresa, y remueve bien con una espátula para que se integre. Rellena la mitad de las galletas con la crema y cubre con la otra mitad.

Derrite el chocolate blanco al baño María o, con cuidado, en el microondas; sumerge las galletas hasta la mitad, espolvorea con frambuesa deshidratada y deja que se sequen sobre una rejilla.

UN PLUS

Si hace mucho calor conserva las galletas refrigeradas en el interior de un recipiente bien cerrado para preservarlas de la humedad.

CRUMBLE DE FRUTOS ROJOS

EL POSTRE DE LAS MIL Y UNA VARIANTES

| 4 raciones

| 20 minutos

| Dificultad baja

INGREDIENTES

Harina de repostería .... **60 g**
Almendras molidas .... **30 g**
Azúcar .... **60 g**
Mantequilla muy fría .... **60 g**
Frutos rojos .... **150 g**

EL CRUMBLE

Calienta el horno a 200 °C con calor arriba y abajo y sin aire. Prepara una bandeja para horno mediana o seis moldes individuales.

Haz una especie de migas frotando la harina con las almendras molidas, el azúcar y la mantequilla muy fría. Coloca los frutos rojos limpios en la base de los recipientes. Cubre con la mezcla anterior formando una montañita en el centro.

EL HORNEADO

Hornea hasta que la capa superior esté ligeramente dorada; el tiempo dependerá de cada horno. Saca los moldes del horno y degusta el crumble de frutos rojos tibio o frío.

UN PLUS

Esta receta es igual de buena con frutas como melocotones, manzanas, cerezas...

BIZCOCHO DE TURRÓN

UNA MANERA DISTINTA DE COMER TURRÓN EN NAVIDAD

| 12 raciones

| 1 hora

| Dificultad baja

INGREDIENTES

Mantequilla	**125 g**
Turrón de Jijona	**300 g**
Azúcar	**50 g**
Azúcar moreno	**50 g**
Huevos (XL)	**3**
Harina de repostería	**300 g**
Levadura química	**8 g**
Bicarbonato sódico	**4 g**
Sal	**Una pizca**
Leche entera	**250 g**
Grosellas	**Para decorar**
Azúcar glas	**Para decorar**

LA MASA

Calienta el horno a 170 °C con calor arriba y abajo, sin aire.

Bate la mantequilla con los dos tipos de azúcar hasta que blanquee y se forme una crema suave. Agrega uno a uno los huevos, sin dejar de batir, dejando que se integre el primero antes de añadir el siguiente.

Desmenuza el turrón con los dedos o aplástalo con un tenedor e incorpóralo a la preparación anterior. Si quieres obtener un puré fino puedes triturarlo con un poco de la leche de la receta.

Por último, añade la leche en tres veces alternándola con la mezcla tamizada de harina, levadura, bicarbonato y sal. Vierte la masa desde el mismo punto sobre el molde de bizcocho engrasado.

EL HORNEADO Y LA DECORACIÓN

Hornea el bizcocho durante unos 50 minutos o hasta que, al pinchar con un palillo el centro, este salga seco.

Saca el molde del horno, deja que el bizcocho repose durante 10 minutos, desmolda sobre una rejilla y espera a que se enfríe. Una vez frío puedes decorar el bizcocho con azúcar glas y frutas.

UN PLUS

El tiempo de horneado dependerá del horno y del tamaño del molde que utilices.

BIZCOCHO DE CHOCOLATE Y WHISKY

UN CAPRICHO SOLO PARA MAYORES

| 12 raciones
| 1 hora
| Dificultad baja

INGREDIENTES

Harina de repostería	**100 g**
Almendras molidas	**100 g**
Huevos (M)	**4**
Azúcar	**250 g**
Mantequilla	**100 g**
Whisky	**50 g**
Cacao puro en polvo	**50 g**
Levadura química	**16 g**
Sal	**Una pizca**
Azúcar glas	**Para decorar**

LA MASA

Calienta el horno a 180 °C con calor arriba y abajo y sin aire. Engrasa y espolvorea ligeramente con harina un molde para bizcocho.

Bate los huevos con el azúcar hasta que la mezcla esté esponjosa y blanca. Mientras sigues batiendo, agrega la mantequilla derretida tibia poco a poco y el whisky.

Añade la pizca de sal, las almendras molidas y la preparación de cacao en polvo, harina y levadura, tamizadas. Mezcla con la ayuda de una lengua hasta que esté integrado y la masa sea homogénea.

EL HORNEADO

Vierte la masa en el molde y hornea durante unos 35 o 40 minutos, o hasta que el bizcocho esté en su punto, pero ligeramente jugoso y húmedo.

Saca el molde del horno y deja que el bizcocho se enfríe dentro del mismo durante 5 minutos antes de desmoldarlo. Coloca el bizcocho sobre una rejilla y espera a que se enfríe completamente. Espolvorea con azúcar glas si lo deseas.

UN PLUS

No cuezas el bizcocho en exceso para evitar que quede seco.

DE BOTE EN BOTE

FÓRMULAS MUY SENCILLAS CON UNA PRESENTACIÓN
MUY ORIGINAL EN FRASCOS O TARROS:
MERMELADAS, TARTAS, DULCES...

DULCE DE LECHE

PARA TOMAR UNA CUCHARADA TRAS OTRA

| 2 botes
| 4 horas
| Dificultad baja

INGREDIENTES

Leche.. **1 l**
Azúcar................................ **350 g**
Bicarbonato sódico... **1/2 cdta**
Vainilla........................... **Al gusto**

LA LECHE CON EL AZÚCAR

Calienta la leche con el azúcar a fuego medio, para que este se disuelva. Añade el bicarbonato y la vainilla, y remueve.

Deja que la mezcla cueza a fuego lento durante unas 4 horas aproximadamente, removiendo de vez en cuando con una cuchara de madera para que no se pegue.

EL ENVASADO

Retira del fuego cuando consigas una consistencia similar a la de una natilla. Fuera del fuego, sigue removiendo durante 5 o 10 minutos más para que el dulce de leche se enfríe un poco. Notarás cómo espesa y reduce un poco más.

Vierte en tarros hasta el momento de su uso.

UN PLUS

Conserva el dulce de leche casero como si se tratase de una mermelada, o bien envasado al vacío o refrigerado.

Ball
MASON

VASITOS DE FRESA CON CHOCOLATE BLANCO

APROVECHA ESTA FRUTA DE TEMPORADA PARA UN POSTRE SENCILLO Y DELICIOSO COMO ESTE

| 4 raciones
| 20 minutos
| Dificultad baja

INGREDIENTES

Fresas	**180 g**
Azúcar	**90 g**
Gelatina neutra	**1 hoja**
Chocolate blanco	**100 g**
Leche	**50 g**
Azúcar glas	**15 g**
Nata 35 % mg	**120 g**

LA CONFITURA

Lava, seca y trocea las fresas. Ponlas en un cazo, añade el azúcar y lleva a ebullición a fuego lento. Las fresas se ablandarán al cabo de unos 10 minutos. Pasa la mezcla por el pasapurés y repártela a partes iguales en los vasos de presentación. Refrigera un mínimo de 2 horas.

EL CHOCOLATE BLANCO

Hidrata la hoja de gelatina en agua fría durante 5 minutos. Escúrrela.

Pon el chocolate blanco troceado, la leche y el azúcar glas en un cazo. Lleva a ebullición removiendo continuamente. Retira el cazo del fuego, añade la hoja de gelatina y mezcla muy bien hasta que se disuelva por completo. Deja que la preparación se temple.

LA NATA

Bate la nata con unas varillas hasta montarla. Agrégala a la mezcla de chocolate uniendo de forma envolvente. Viértelo sobre la confitura de fresa con mucho cuidado para evitar que se levante. Refrigera hasta la hora de servir y decora al gusto con algunas fresas extra.

UN PLUS

Para que los sabores sean más intensos, prepara estos vasitos la noche anterior.

MERMELADA DE NARANJA Y ROMERO

UNA VEZ LA PRUEBES, REPETIRÁS

| 6 botes

| 1 hora y media

| Dificultad baja

INGREDIENTES

Naranjas .... **1 kg**
Agua .... **1 l**
Azúcar .... **1 kg**
Zumo de limón .... **1 limón**
Romero fresco .... **4 ramitas**

LOS INGREDIENTES

Lava y corta las naranjas en rodajas muy finas con la ayuda de una mandolina o un cuchillo bien afilado. Lava el romero, introdúcelo en una gasa limpia y haz un atillo con él.

LA MERMELADA

Hierve las rodajas de naranja en el agua con las ramitas de romero durante 30 minutos. Retira el romero, tapa la olla y deja que repose durante toda la noche.

Al día siguiente lleva la mezcla a ebullición, añade el azúcar y el zumo de limón, y cuece durante una media hora aproximadamente, o hasta que la mermelada haya cogido cuerpo, removiendo cada poco tiempo y sacando la espuma que se forme. Puedes comprobar el punto vertiendo un poco de mermelada sobre un plato frío.

EL ENVASADO

Vierte la mermelada en frascos esterilizados y deja que se enfríe boca abajo durante 24 horas.

UN PLUS

Si no deseas que la mermelada tenga tropezones, puedes pasarla por la batidora o pasapurés y retirar parte de la corteza antes de hacerla si el toque amargo no es de tu agrado.

MERMELADA DE TOMATE

PORQUE LAS MERMELADAS TAMBIÉN SE ELABORAN CON VERDURAS

| 4 botes

| 1 hora y media

| Dificultad baja

INGREDIENTES

Tomates .... **1 kg**
Azúcar................................. **500 g**
Zumo de limón .... **1 limón**
Vino blanco .... **Un chorrito**

LOS INGREDIENTES

Lava y pela los tomates. Retira las semillas o parte de ellas (es opcional).

Trocea los tomates, vierte el azúcar y el zumo de limón, remueve y deja que repose durante 1 hora o hasta que el azúcar se haya disuelto.

LA MERMELADA

Lleva la cazuela a ebullición, agrega el chorrito de vino, espera 5 minutos para que el alcohol se evapore y baja el fuego.

Remueve de vez en cuando para evitar que la mermelada se pegue, retira la espuma que se forme y cuece durante unos 30 minutos, hasta que la mermelada haya espesado.

Chafa los tomates si quieres una mermelada con tropezones, o bien pásala por la batidora o el pasapurés en caso contrario.

EL ENVASADO

Envasa la mermelada en tarros esterilizados y déjalos boca abajo durante 24 horas.

UN PLUS

Si el tomate libera demasiada agua durante la cocción, puedes retirar un poco con ayuda de una cuchara.

FLAN DE LECHE CONDENSADA

COMO EL DE SIEMPRE, PERO AÚN MEJOR

| 6 raciones

| 45 minutos

| Dificultad baja

PARA EL FLAN

Leche condensada	**350 g**
Leche	**500 g**
Huevos (M)	**4**

PARA EL CARAMELO

Azúcar	**50 g**
Agua	**Unas gotas**
Zumo de limón	**Unas gotas**

EL CARAMELO

Calienta el horno a 170 °C con calor arriba y abajo y sin aire.

Prepara un caramelo ligero con el azúcar y unas gotas de agua y limón calentando la mezcla sin removerla hasta que adquiera un color dorado.

Cubre el fondo de los moldes, o un molde grande, con el caramelo y deja que se enfríen.

LA MEZCLA Y EL HORNEADO

En un recipiente, mezcla los huevos con la leche y la leche condensada sin batir en exceso, lo justo para que se integren los ingredientes.

Cuela y reparte la crema en los moldes con cuidado. Cúbrelos con papel de aluminio y colócalos en una bandeja honda apta para el horno. Rellena con agua caliente hasta que cubra un tercio de la altura de los moldes y hornea hasta que los flanes estén cuajados.

UN PLUS

Elabora esta receta un día antes de su consumo para que el flan esté bien frío.

TARTA DE QUESO EN VASO

UNA FORMA DISTINTA DE PRESENTAR LA CLÁSICA TARTA DE QUESO AL HORNO

| 4 raciones

| 45 minutos

| Dificultad baja

PARA LA BASE

Galletas .... **120 g**
Mantequilla .... **50 g**

PARA LA CREMA

Huevo (L) **1**
Azúcar .... **65 g**
Ralladura de limón .... **1/2 limón**
Queso crema .... **250 g**
Nata 35 % mg .... **35 g**
Zumo de limón .... **1 cda**

PARA LA DECORACIÓN

Mermelada de melocotón .... **Al gusto**
Menta .... **Al gusto**

LA BASE

Precalienta el horno a 175 °C con calor arriba y abajo sin aire. Tritura las galletas con un robot de cuchillas o bien con un rodillo hasta que queden reducidas a polvo. Derrite la mantequilla y mézclala con las galletas hasta formar una pasta. Forra con esta preparación las bases de los vasitos y presiona con fuerza, con la ayuda de una cuchara, para que la masa se asiente bien y no se mueva. Hornea los vasitos durante 5 minutos para que la base se seque. Retíralos del horno.

LA CREMA

Bate el huevo junto con el azúcar y la ralladura de limón. Añade el queso crema y la nata, y remueve bien. Por último, vierte el zumo de limón, mezcla y reparte la preparación en los vasitos sin llenarlos hasta arriba.

EL HORNEADO

Coloca los vasitos en una fuente honda, agrega agua hirviendo en la bandeja, de manera que cubra los vasitos hasta la mitad y hornéalos durante media hora al baño María.

Retira los tarritos de tarta de queso y deja que se enfríen a temperatura ambiente antes de refrigerarlos. Decóralos con un poco de mermelada y menta justo antes de servir.

UN PLUS

Si quieres preparar una tarta individual grande en un molde tradicional, no tienes más que duplicar las cantidades de ingredientes y adecuar el tiempo de horneado.

TIRAMISÚ DE MANZANA

EL CLÁSICO POSTRE ITALIANO CON UN AÑADIDO DE FRUTA QUE TE SORPRENDERÁ

| 4 raciones

| 30 minutos

| Dificultad baja

INGREDIENTES

Manzanas	**2**
Huevos (M)	**2**
Azúcar	**60 g**
Queso mascarpone	**250 g**
Café recién preparado	**200 g**
Ron	**Un chorrito**
Bizcochos de soletilla	**16**
Cacao en polvo	**Al gusto**

LAS MANZANAS

Cuece las manzanas en el microondas o en el horno. Se trata de obtener un puré fino de manzana. Después de cocerlas, retira el corazón y la piel, y tritura la pulpa.

LA CREMA DE QUESO

Separa las yemas de las claras de los dos huevos. Bate las yemas junto con el azúcar hasta que blanqueen y obtengas una crema blanquecina y suave. Agrega el mascarpone y mezcla suavemente, hasta que ambas texturas se unan y no haya grumos.

En otro recipiente monta las claras. No hace falta que estén muy duras, simplemente que formen picos. Añádelas con cuidado a la crema anterior, con movimientos envolventes, evitando que bajen.

EL MONTAJE

Para montar el tiramisú, haz una serie de capas de la siguiente forma: primero una capa de bizcochos empapados (y escurridos) en el café con el chorrito de ron, luego una capa de crema de queso, encima un poco de cacao en polvo y, por último, una capa de puré de manzana. Repite las capas en este orden hasta que llegues al borde del recipiente y termina siempre con una capa de crema de queso. Refrigera hasta la hora de servir, mejor de un día para otro.

UN PLUS

Es aconsejable preparar el tiramisú con un día de antelación.

Decora con el cacao en polvo justo antes de servir para evitar que coja humedad.

Por amor a helarte

PORQUE LOS HELADOS TAMBIÉN PUEDEN HACERSE EN CASA FÁCILMENTE Y SIN NECESIDAD DE ARTILUGIOS O INGREDIENTES ESPECIALES. ¡HELADOS CASEROS PARA TODOS!

HELADO DE YOGUR CON FRUTOS ROJOS

EL HELADO PERFECTO PARA NO SENTIRNOS CULPABLES

| 6 raciones
| 20 minutos
| Dificultad baja

PARA EL HELADO

Yogur griego .... **440 g**
Leche........ **180 g**
Miel suave........ **90 g**

PARA LA SALSA DE FRUTOS ROJOS

Frutos rojos .... **250 g**
Miel suave........ **90 g**
Zumo de limón........ **1 limón**

EL HELADO

Mezcla el yogur con la leche y la miel. Vierte en un recipiente apto para el congelador y congela el helado, removiendo a menudo para evitar que se forme hielo. Si utilizas una máquina heladora, con 20 minutos de montado será suficiente.

LOS FRUTOS ROJOS

Calienta en un cazo los frutos rojos limpios junto a la miel y el zumo de limón. Mueve un poco el cazo para que se mezclen los ingredientes. Lleva a ebullición y deja que la preparación hierva durante unos 5 minutos. Retira del fuego y deja que se enfríe por completo.

EL MONTAJE

Una vez que el helado esté casi del todo congelado, añade la salsa de frutos rojos y, con la punta de un cuchillo o brocheta, haz unas ondas para que se reparta bien la salsa. Termina de congelar el helado y cuando vayas a consumirlo, sácalo del congelador 10 minutos antes.

UN PLUS

Para que los frutos rojos no se deshagan en exceso, recomiendo que los congeles previamente y los pongas directamente en el cazo. De este modo encontrarás tropezones en el helado.

POLOS DE MANGO

TOMAR FRUTA EN VERANO NUNCA FUE TAN DELICIOSO Y REFRESCANTE

| 6 raciones

| 20 minutos

| Dificultad baja

INGREDIENTES

Azúcar	**60 g**
Agua	**60 g**
Mango	**300 g**
Zumo de limón	**1/2 limón**
Sal	**Una pizca**

EL ALMÍBAR

Lleva a ebullición el azúcar y el agua sin removerlo. Deja que hierva durante 2 minutos hasta que se forme un almíbar ligero. Retira del fuego y deja que se enfríe completamente.

EL POLO

Tritura el mango junto con el zumo de limón y la pizca de sal. Añade el almíbar y mezcla. Vierte en los moldes para polo.

LA CONGELACIÓN

Congela durante al menos 4 horas, o mejor toda la noche. Te resultará más fácil desmoldar los polos si sumerges el molde unos segundos en agua a temperatura ambiente o ligeramente tibia.

UN PLUS

Cambia el mango por cualquier otra fruta similar que te guste para hacer polos de otros sabores.

POLOS CREMOSOS DE HELADO DE MELOCOTÓN

UNA MANERA DISTINTA DE PRESENTAR NUESTROS HELADOS CASEROS

| 6 raciones

| 20 minutos

| Dificultad baja

INGREDIENTES

Melocotón rojo................. **120 g**
Zumo de limón...... **Unas gotas**
Miel suave......................... **1 cdta**
Azúcar.................................. **50 g**
Sal .... **Una pizca**
Nata 35 % mg .... **100 g**
Frambuesas
congeladas .... **Al gusto**
Vainilla........................... **Al gusto**

LA FRUTA

Lava y seca los melocotones. Pélalos, trocéalos y retírales el hueso. Rocía con las gotas de zumo de limón y cubre con el azúcar y la miel. Deja que repose durante 15 minutos.

EL HELADO

Tritura los melocotones junto a la pizca de sal, la nata y la vainilla. Deja que la mezcla se enfríe durante unas horas y móntala en una máquina heladora o bien congélala a mano, batiendo cada pocos minutos el helado durante las primeras horas de congelación para evitar que se formen cristales de hielo. Mezcla el helado, una vez mantecado, con las frambuesas congeladas y picadas finamente.

LOS POLOS

Rellena los moldes de polo, alisa la superficie y coloca los palitos. Deja que se congelen durante unas 4 horas antes de consumirlos.

UN PLUS

La vainilla y las frambuesas son totalmente opcionales. Puedes elaborar los polos cremosos de melocotón a tu gusto.

TARTA HELADA DOS GUSTOS

EL HELADO DE CORTE AHORA PREPARADO EN CASA POR TI MISMO

| 6 raciones

| 1 hora

| Dificultad baja

PARA EL HELADO DE CHOCOLATE BLANCO Y CARDAMOMO

Leche	**300 g**
Nata 35 % mg	**200 g**
Miel	**30 g**
Azúcar	**50 g**
Vainilla	**Al gusto**
Semillas de cardamomo	**3**
Chocolate blanco	**200 g**

PARA EL HELADO DE PISTACHO

Leche	**200 g**
Nata 35 % mg	**200 g**
Miel suave	**30 g**
Pasta de pistacho	**150 g**
Azúcar	**75 g**
Yemas de huevo	**3**

HELADO DE CHOCOLATE BLANCO

Calienta la leche junto a la nata, la miel, el azúcar, la vainilla y las semillas de cardamomo abiertas. Lleva a ebullición y vierte la preparación colada sobre el chocolate blanco troceado. Remueve hasta que el chocolate se disuelva por completo y no haya grumos. Deja que la crema se enfríe a temperatura ambiente y congela la base para el helado.

HELADO DE PISTACHO

Calienta la leche junto a la nata, la miel, la pasta de pistacho y el azúcar hasta que estén a punto de hervir. Retira el cazo del fuego y agrega, sin dejar de remover, las yemas batidas. Vuelve a colocar el cazo sobre el fuego, y, a fuego lento, removiendo continuamente, deja que la crema espese, pero evita que hierva, para que no se corte. Déjala enfriar por completo antes de congelar o bien monta con la heladora.

EL MONTAJE

Para montar la tarta debes forrar un molde con papel sulfurizado, de forma que esté completamente cubierto, dejando unas solapas salientes para poder tirar de ellas al desmoldar la tarta, en caso necesario.

En primer lugar, prepara la capa de helado deseado y, cuando esté listo, viértela en el molde. Una vez esta capa esté congelada, podrás hacer la siguiente. Congela hasta la hora de servir.

UN PLUS

El cardamomo molido o en semillas se vende en cualquier herboristería y la pasta de pistacho puedes comprarla en tiendas de productos para repostería o en Internet.

POLOS DE CHOCOLATE

DELICIOSOS POLOS CREMOSOS CON TODO EL SABOR DEL CHOCOLATE

| 6 raciones

| 20 minutos

| Dificultad baja

INGREDIENTES

Leche.................................... **250 g**
Nata 35% mg.................... **250 g**
Miel suave............................. **30 g**
Azúcar.................................... **75 g**
Chocolate
70% de cacao................... **170 g**
Vainilla............................ **Al gusto**

LA BASE

Calienta en un cazo la leche, la nata, la miel, el azúcar y la vainilla hasta que la crema comience a hervir. Viértela sobre el chocolate troceado y, sin dejar de remover con una varilla, espera a que se derrita por completo. Deja que se enfríe a temperatura ambiente.

LOS POLOS

Vierte con cuidado la crema en los moldes para polo y congela como mínimo durante 4 horas, o mejor toda la noche. Cuando los polos hayan adquirido cierta consistencia, coloca los palitos para que no se muevan.

Si te cuesta desmoldar los polos, humedece el molde bajo el grifo de agua fría durante unos segundos.

UN PLUS

Aromatiza estos polos con ingredientes más atrevidos, como la pimienta rosa o algún licor, siempre que no vayan a tomarlos los niños.

Esta receta es perfecta para elaborarla con niños, ya que es muy sencilla y pueden ayudar en la tarea de rellenar los moldes de polo, por ejemplo.

HELADO DE PLÁTANO Y CHIPS DE CHOCOLATE

PARA QUE RECUERDES AL NIÑO QUE LLEVAS DENTRO

| 6 raciones

| 10 minutos

| Dificultad baja

INGREDIENTES

Plátanos maduros **3**
Zumo de naranja ...... **1 naranja**
Miel suave.......................... **2 cdas**
Azúcar................................. **120 g**
Galletas doradas....................... **3**
Esencia de vainilla........ **1/2 cda**
Nata 35 % mg .... **500 g**
Chips de chocolate.......... **100 g**

LA BASE

Tritura con la batidora todos los ingredientes, excepto las chips de chocolate, hasta que obtengas un puré fino y cremoso. Deja que la crema se enfríe durante unas horas antes de mantecar el helado.

EL HELADO

Puedes hacer el helado con máquina heladora o bien congelarlo tal cual, removiendo la mezcla cada poco tiempo para evitar que se formen cristales de hielo. Agrega las chips de chocolate una vez que el helado esté semisólido.

UN PLUS

Utiliza esta receta como base para otros sabores, simplemente cambiando la fruta.

Heilemann's
ERA ICE CREAM
AM OF THEM ALL
St. Charles
DAIRY CO.
ST. CHARLES, MO.
ICE CREAM
CONTENTS 3 FL. OZ.

HELADO DE CARAMELO SALADO

DIFERENTE, ORIGINAL Y AL MISMO TIEMPO DELICIOSO

| 6 raciones

| 20 minutos

| Dificultad baja

INGREDIENTES

Mantequilla con sal .... **75 g**
Azúcar moreno .... **150 g**
Nata 35 % mg .... **500 g**
Esencia de vainilla .... **1 cdta**
Yemas de huevo **4**

LA BASE

Calienta la mantequilla y el azúcar moreno a fuego medio hasta que el azúcar se disuelva por completo. Cuando comience a hervir, cuece un par de minutos más, removiendo continuamente con una cuchara de madera o una varilla para que no se queme.

Retira el cazo del fuego. Vierte la nata con cuidado y la esencia de vainilla. Calienta de nuevo hasta que la crema hierva.

Retira de nuevo el cazo del fuego para incorporar las yemas de huevo ligeramente batidas. Remueve con rapidez sin cesar para que las yemas no se cuajen, y calienta una vez más. Advertirás que la crema se irá espesando poco a poco. Evita que hierva o se cortará.

Cuela la natilla y resérvala refrigerada durante unas horas para que se enfríe del todo antes de montar el helado.

EL HELADO

Monta el helado, o bien con una máquina heladora o a mano, removiendo la mezcla cada cierto tiempo durante las primeras horas de congelación.

UN PLUS

El toque de la mantequilla con sal simplemente realza los sabores. ¡Te encantará!

SORBETE DE MOJITO

LA BEBIDA MÁS FAMOSA DEL VERANO EN FORMA DE REFRESCANTE SORBETE

| 6 raciones
| 30 minutos
| Dificultad baja

INGREDIENTES

Azúcar	**100 g**
Agua	**100 g**
Hierbabuena	**20 g**
Zumo de lima	**200 g**
Ron blanco	**50 g**
Gaseosa	**100 g**
Claras de huevo	**2**
Rodajas de lima	**Para decorar**
Hojas de hierbabuena	**Para decorar**

EL ALMÍBAR

Hierve el azúcar y el agua durante 2 minutos para obtener un almíbar ligero. Retira del fuego, agrega la hierbabuena y deja que infusione hasta que el almíbar se enfríe.

LA BASE

Una vez frío, agrega el zumo de lima, el ron y la gaseosa; mezcla y deja que se enfríe durante unas horas.

Monta las claras de huevo a punto de nieve suave y añádelas con cuidado a la preparación anterior una vez fría.

LA CONGELACIÓN

Vierte la mezcla de sorbete en la máquina heladora, si dispones de una, o introdúcela directamente en el congelador.

Pica unas hojitas de hierbabuena muy finas y agrégalas al sorbete una vez esté semicongelado.

UN PLUS

No te olvides de remover el sorbete de vez en cuando mientras se congela.

HELADO DE TIRAMISÚ

EL CLÁSICO POSTRE ITALIANO EN FORMATO HELADO

| 6 raciones

| 30 minutos

| Dificultad baja

PARA EL HELADO

Queso mascarpone	**500 g**
Leche	**250 g**
Azúcar	**80 g**
Sal	**Una pizca**
Café recién preparado	**60 g**
Baileys®	**15 g**
Yemas de huevo	**4**
Bizcochos de soletilla	**Para decorar**

PARA EL SIROPE

Azúcar	**20 g**
Miel suave	**10 g**
Café recién preparado	**30 g**
Cacao puro en polvo	**12 g**

EL HELADO

Prepara el café y deja que se enfríe un poco. En un cazo, calienta a fuego lento el queso junto a la leche, el azúcar, la pizca de sal, el café y el licor. Remueve de vez en cuando con unas varillas para que todos los ingredientes se mezclen bien. Cuando la crema comience a humear, retira el cazo del fuego y agrega las yemas batidas, sin dejar de remover, para que no se cuajen. Vuelve a poner el cazo al fuego y, sin dejar de mezclar, cuece la crema hasta que casi comience a hervir. La preparación habrá espesado como una natilla ligera. Refrigera durante unas horas antes de montar el helado.

EL SIROPE

Pon en un cazo todos los ingredientes, mézclalos y lleva a ebullición. Retira el cazo del fuego, vierte el sirope en un recipiente y resérvalo a temperatura ambiente hasta que lo vayas a emplear.

EL MONTAJE

Una vez fría la crema, puedes montar el helado con una máquina heladora, si dispones de una, o bien hacerlo a mano. Una vez que tengas el helado casi listo, con cuerpo, agrega el sirope a tu gusto, removiendo ligeramente para que se mezcle con el helado y se formen ondas intercaladas con el mismo. Termina de congelarlo y sirve con algún bizcocho de soletilla desmenuzado para decorar.

UN PLUS

Si no vas a utilizar el sirope el mismo día que lo prepares, debes conservarlo refrigerado. Como máximo aguanta un par de semanas en la nevera.

HELADO DE NUTELLA®

TOTALMENTE ADICTIVO

| 6 raciones
| 10 minutos
| Dificultad baja

INGREDIENTES

Nutella®	**300 g**
Nata 35 % mg	**200 g**
Leche	**200 g**
Miel suave	**15 g**

LA BASE

Mezcla todos los ingredientes y remueve con unas varillas hasta que obtengas una crema homogénea.

Refrigera la base si vas a montar el helado en una máquina heladora; si no, viértela directamente en un recipiente apto para el congelador.

EL HELADO

En la máquina heladora, el helado estará montado en unos 30 minutos o menos; pásalo a un recipiente y congela unas horas antes de consumir.

Si preparas el helado manualmente, remueve la mezcla cada cierto tiempo mientras se congela.

UN PLUS

La miel actúa como un conservante y anticongelante natural. No aporta sabor, pero si no te gusta, puedes prescindir de ella.

HELADO DE DULCE DE LECHE

EL HELADO QUE PREPARARÁS UNA Y OTRA VEZ

| 6 raciones
| 10 minutos
| Dificultad baja

INGREDIENTES

Leche	**500 g**
Nata 35% mg	**250 g**
Dulce de leche	**400 g**
Sal	**Una pizca**
Vainilla	**1/2 vaina**

LA BASE

Calienta todos los ingredientes hasta que la mezcla esté homogénea y casi hierva. Pasa la crema resultante a una jarra y deja que se enfríe durante varias horas.

EL HELADO

Monta el helado con una máquina heladora durante unos 20 minutos, vierte en un recipiente y cubre con papel sulfurizado. Congela durante unas horas para que el helado tome cuerpo.

También puedes hacer el helado manualmente, removiendo con frecuencia durante las primeras horas de congelación para romper los cristales de hielo.

UN PLUS

Una vez tengas el helado listo, antes de congelarlo, vierte hilos de dulce de leche por toda la superficie y remueve ligeramente.

SOS, QUIERO QUEDAR COMO DIOS

SI NECESITAS SORPRENDER A ALGUIEN, ESTAS RECETAS SON TU SOLUCIÓN: UN POCO MÁS LABORIOSAS EN ALGUNOS CASOS, PERO CON UN RESULTADO FANTÁSTICO.

TORTITAS CORAZÓN

SI QUIERES SORPRENDER A ALGUIEN, HAZLO CON ESTAS TORTITAS

| 12 raciones

| 30 minutos

| Dificultad baja

INGREDIENTES

Huevo (M) **1**
Leche.................................... **250 g**
Harina.................................... **200 g**
Sal .... **Una pizca**

LA MASA

Mezcla el huevo batido con la leche y la pizca de sal. Añade poco a poco la harina mientras remueves suavemente con una varilla o un tenedor, hasta que la preparación esté del todo integrada.

Deja que la masa repose tapada 1 hora más o menos, para que espese. Ponla en un biberón de cocina.

LAS TORTITAS

Calienta una sartén antiadherente o crepera a fuego fuerte. Úntala con un poco de tocino o mantequilla para engrasarla ligeramente. Baja el fuego y, con la ayuda del biberón, crea la forma de corazón y decora al gusto.

Cocina 1 minuto más o menos por cada lado hasta que las tortitas estén cuajadas. Engrasa de nuevo la sartén, si es necesario, y repite la operación hasta terminar toda la masa.

UN PLUS

Prepara tus tortitas de formas variadas y originales tan solo jugando con el biberón de cocina.

ÉCLAIRS

DELICADO BOCADO DE MASA CHOUX RELLENA DE DELICIOSA CREMA DE CASTAÑAS

| 8 raciones

| 1 hora y media

| Dificultad media

PARA LA MASA

Leche	**80 g**
Agua	**80 g**
Mantequilla	**70 g**
Sal	**2 g**
Azúcar	**12 g**
Harina de repostería	**100 g**
Huevos (M)	**3**

PARA EL RELLENO

Leche	**250 g**
Azúcar	**90 g**
Maicena	**20 g**
Yemas de huevo	**2**
Puré de castañas	**40 g**

PARA LA COBERTURA

Nata 35 % mg	**65 g**
Chocolate 70 % de cacao	**65 g**
Miel suave	**20 g**
Mantequilla	**25 g**

LA MASA

Calienta en un cazo amplio la leche, junto al agua, la mantequilla, la sal y el azúcar. Una vez que la mantequilla se haya derretido y la mezcla hierva durante unos segundos, retira el cazo del fuego y agrega de una sola vez la harina, removiendo continuamente con una cuchara de madera o una espátula hasta que obtengas una masa homogénea.

Para secar la masa coloca de nuevo el cazo a fuego fuerte y mezcla la masa sin cesar, hasta que no se pegue al cazo ni a la cuchara. Si es necesario, levanta el cazo del fuego para que la masa no se queme.

Agrega los huevos batidos con mucho cuidado. Incorpóralos de uno en uno y mezcla bien antes de seguir añadiendo más. La masa estará en su punto cuando adquiera una textura que se pega a la espátula, pero que cae en trozos, separándose en partes. En el caso particular del tercer huevo no usé apenas nada, pero reservé el resto para pincelar los éclairs, también denominados relámpagos.

LA PREPARACIÓN Y EL HORNEADO

Forra una bandeja de horno con papel sulfurizado. Pon la masa en una manga pastelera con una boquilla redonda, o sin ella, de un diámetro de unos 2 cm. Con la manga en un ángulo de unos 45° con respecto a la bandeja, reparte la masa separando los éclairs entre sí unos centímetros. Se recomienda que la longitud sea de entre 10 y 14 cm. Corta la masa con un cuchillo fino o unas tijeras para que los bordes queden perfectos.

Hornea la masa durante unos 45 minutos con el horno precalentado a 150 °C, con calor arriba y abajo y sin aire. Los éclairs deben aumentar de volumen, tener un color dorado uniforme y agrietarse ligeramente. Deja que se enfríen sobre una rejilla antes de rellenarlos.

ÉCLAIRS

DELICADO BOCADO DE MASA CHOUX RELLENA
DE DELICIOSA CREMA DE CASTAÑAS

EL RELLENO

Calienta la leche junto al azúcar, reservando un poco para disolver la maicena en ella. Una vez que humee, retira el recipiente del fuego y añade las dos yemas de huevo batidas junto a la maicena. Remueve rápidamente y vuelve a colocar el cazo en el fuego.

La crema debe espesarse en unos minutos, pero no debe llegar a hervir, ya que se cortaría. Retira el cazo del fuego y mezcla con puré de castaña. Cubre la crema con film transparente y deja que se enfríe antes de rellenar los éclairs. Pon la crema en una manga pastelera con una boquilla para rellenarlos. Haz tres agujeros en la base de cada éclair y rellena con crema. Reserva.

LA COBERTURA

Hierve la nata y viértela sobre el chocolate troceado, la miel y la mantequilla. Remueve con una varilla hasta que se derritan completamente los ingredientes y obtengas una crema homogénea. Deja que se temple unos minutos y sumerge los éclairs de forma que quede cubierta la parte superior de los mismos. Coloca los éclairs sobre una rejilla para que se sequen y refrigéralos si no se van a consumir al poco tiempo.

UN PLUS

El puré de castañas no tiene ningún aditivo. Simplemente es el puré que se obtiene al cocer y triturar castañas, y, por tanto, no lleva azúcar.

"Tala" ICING SET

CHURROS CON CHOCOLATE

PARA TOMAR CON CHOCOLATE CALIENTE CUALQUIER TARDE FRÍA DE INVIERNO

| 30 raciones

| 30 minutos

| Dificultad baja

INGREDIENTES

Agua .... **250 g**
Sal .... **Una pizca**
Harina .... **225 g**
Aceite suave .... **Para freír**
Azúcar .... **Para espolvorear**

LA MASA

Hierve el agua con la pizca de sal. Retira del fuego y agrega toda la harina de una sola vez.

Trabaja con fuerza la masa durante unos minutos con una cuchara de madera hasta conseguir una masa fina sin grumos.

LA FRITURA

Calienta abundante aceite (al menos dos dedos) en una sartén honda.

Pon la masa en la churrera, presionando la boquilla con el pulgar, hasta que salga (de esta forma se elimina todo el aire que pueda tener la masa para evitar que al freír los churros, estos salten).

Forma churros de unos 15 centímetros dejándolos caer con cuidado desde la churrera al aceite caliente. Deja que se doren y escúrrelos sobre papel absorbente.

Espolvoréalos con azúcar y sírvelos calientes.

UN PLUS

Para freír los churros, el aceite debe estar caliente, más o menos a 180 °C. Debes bajar o subir el fuego si en algún momento el aceite empieza a humear, ya que esto significa que está demasiado caliente.

GOFRES DE LIEJA

LOS AUTÉNTICOS GOFRES CON AZÚCAR PERLADO PARA UNA MERIENDA GOLOSA

| 12 raciones

| 1 hora y media

| Dificultad baja

INGREDIENTES

Levadura fresca	**10 g**
Agua	**40 g**
Harina	**250 g**
Sal	**Una pizca**
Azúcar	**165 g**
Huevos (M)	**2**
Mantequilla	**110 g**
Azúcar perlado	**90 g**

LA MASA

Disuelve la levadura en el agua y deja que la preparación repose cubierta durante unos 20 minutos, o hasta que burbujee. Aparte, en un cuenco, mezcla la harina con la sal y el azúcar, añade el preparado anterior y amasa hasta que se integren bien todos los ingredientes. Agrega los huevos uno a uno, de forma que el primero se incorpore bien antes de añadir el segundo.

Cuando la masa esté cohesionada, agrega la mantequilla en trozos pequeños y poco a poco para que se fusione perfectamente cada uno de ellos. Debes tener en cuenta que la masa resultante es pegajosa, de manera que no debes incorporar más harina. Deja que repose cubierta durante 30 minutos. Por último, agrega el azúcar perlado de forma que se reparta por toda la masa.

LA COCCIÓN

Calienta la plancha de gofres y vierte en cada compartimento una cucharada de masa (yo utilizo una cuchara para servir helado), cierra y deja que cada gofre se cueza durante unos minutos hasta que se dore.

Ponlo en un plato y sírvelo como más te guste: con chocolate, nata, sirope, fruta...

UN PLUS

Los gofres deben consumirse recién hechos, calientes.

El azúcar perlado se vende en tiendas especializadas de repostería o en internet.

PASTEL DE QUESO JAPONÉS

SUAVE Y DELICIOSO PASTEL DE QUESO QUE SE DESHACE EN LA BOCA

| 12 raciones

| 2 horas

| Dificultad media

INGREDIENTES

Leche	**100 g**
Mantequilla	**55 g**
Azúcar	**150 g**
Queso cremoso	**450 g**
Huevos (M)	**6**
Harina	**60 g**
Maicena	**20 g**
Ralladura de limón	**1 limón**
Cremor tártaro	**1/2 cdta**
Sal	**Una pizca**
Azúcar glas	**Para decorar**

LA MASA

Calienta la leche junto a la mantequilla y el azúcar. Viértela sobre el queso y remueve con la ayuda de una varilla hasta que obtengas una mezcla homogénea y sin grumos.

Separa los huevos: las yemas por un lado y las claras por otro. Mezcla las yemas batidas con la preparación anterior, junto con la harina, la fécula de maíz y la ralladura de limón. Aparte, monta las claras a punto de nieve con el crémor tártaro y la sal. Con cuidado, incorpóralas a la crema, evitando que bajen en la medida de lo posible.

Vierte la masa en un molde redondo de 20 centímetros forrado con papel sulfurizado, incluso por los laterales, de forma que sobresalga por los bordes unos 10 centímetros. Así, cuando el pastel suba en el horno, no se desbordará.

EL HORNEADO

Hornea el pastel al baño María en el horno precalentado a 150 °C con calor arriba y abajo, y sin aire en la parte inferior durante una 1 hora y cuarto, o hasta que compruebes que está listo. Apaga el horno, entreabre la puerta del mismo unos centímetros y deja que el pastel se enfríe por completo en el interior. Cuando esté a temperatura ambiente, desmolda y refrigera el pastel hasta el día siguiente. Decora con azúcar glas justo antes de servirlo.

UN PLUS

El crémor tártaro se usa para estabilizar el aire en las claras de huevo. Puedes sustituirlo por unas gotas de zumo de limón o un sobre de acidulante, o litines, de color blanco.

TEJAS

LAS TEJAS DE SIEMPRE CON UN TOQUE DE COLOR

| 30 raciones

| 1 hora

| Dificultad alta

INGREDIENTES

Mantequilla	**120 g**
Claras de huevo	**140 g**
Azúcar glas	**120 g**
Harina de repostería	**125 g**
Sal	**Una pizca**

LA MASA

Calienta el horno a 180 °C con calor arriba y abajo y sin aire. Derrite la mantequilla y deja que se temple un poco. Mientras, bate las claras ligeramente con un tenedor hasta que espumen. Agrega la mantequilla, el azúcar, la harina y la sal, y forma una masa lisa y sin grumos.

EL HORNEADO

Si tienes una lámina de silicona, empléala; si no es así, utiliza la bandeja del horno forrada con papel sulfurizado. Vierte media cucharada de masa y, con el dorso de la cuchara, estírala formando un círculo de manera que quede una capa fina. Repite la operación cinco veces más, para hornear seis tejas cada vez.

Hornea hasta que el borde de la teja esté ligeramente dorado. Saca la bandeja del horno e, inmediatamente, coloca las tejas sobre un rodillo o una botella para que adopten la característica forma abombada. Debes trabajar con rapidez porque la masa se endurece enseguida. Cuando estén duras, colócalas sobre una rejilla.

Es interesante poder trabajar con dos bandejas, ya que de esta forma mientras una está caliente, puedes preparar la siguiente hornada en la otra bandeja, hasta terminar toda la masa.

Para la decoración no tienes más que separar un poco de masa, teñirla con colorante comestible y decorarla con la ayuda de una manga o un biberón de cocina.

UN PLUS

Una vez estén cocidas, debes conservar las tejas en una lata para que no se reblandezcan con la humedad y se mantengan crujientes.

MOUSSE DE FRESA

PRESENTA LA MOUSSE DE FORMA DISTINTA, COMO SI DE UN HELADO SE TRATASE

| 6 raciones

| 30 minutos

| Dificultad media

INGREDIENTES

Gelatina neutra.......... **1,5 hojas**
Fresas.................................. **150 g**
Nata 35 % mg .... **125 g**
Azúcar.................................... **40 g**
Clara de huevo **1**

LA BASE

Hidrata las hojas de gelatina en agua fría durante 5 minutos. Escúrrelas y resérvalas. Lava y seca las fresas, y desecha el pedúnculo. Tritúralas hasta que obtengas un puré fino y cuela la preparación si quieres evitar que las semillas aparezcan en la mousse.

Calienta la mitad del puré de fresas junto al azúcar, y cuando hierva agrega la gelatina, y remueve para que se disuelva por completo. Retira del fuego, incorpora la otra mitad del puré, y deja que se temple un poco durante unos 10 o 15 minutos.

Mientras, monta la nata hasta que forme surcos, y haz lo mismo con la clara de huevo. No hace falta que esté montada a punto fuerte, sino que es suficiente con que forme picos suaves, ya que de este modo es mucho más fácil mezclarla con el resto de ingredientes.

LA MOUSSE

Para obtener la mousse, debes mezclar el puré con la nata montada y la clara, de forma que se bajen lo mínimo posible para conservar el aire de las cremas. Trabaja con movimientos suaves de abajo hacia arriba hasta que obtengas una crema homogénea.

Refrigera la mousse durante al menos 4 horas o, mejor, toda la noche. Para la decoración, simplemente tienes que verter la mousse en una manga pastelera con una boquilla rizada y formar una espiral sobre un cono de helado. Este paso debe hacerse justo antes de servir.

UN PLUS

Si quieres utilizar gelatina en polvo, la equivalencia son 3 g.

TARTA DE CHOCOLATE Y REMOLACHA

JUGOSA Y ORIGINAL

| 12 raciones

| 1 hora y media

| Dificultad baja

PARA EL BIZCOCHO

Chocolate 70 % de cacao	**200 g**
Café recién preparado	**60 g**
Mantequilla	**200 g**
Huevos (M)	**5**
Azúcar	**200 g**
Puré de remolacha	**250 g**
Harina de repostería	**135 g**
Levadura química	**10 g**
Cacao puro en polvo	**45 g**

PARA EL RELLENO

Chocolate 70 % de cacao	**100 g**
Nata 35 % mg	**50 g**
Baileys®	**50 g**
Sal	**Una pizca**
Mantequilla	**8 g**

PARA LA COBERTURA

Nata 35 % mg	**100 g**
Chocolate 70 % de cacao	**100 g**
Miel suave	**30 g**

EL BIZCOCHO

Precalienta el horno a 180 °C con calor arriba y abajo y sin aire. Forra con papel sulfurizado un molde redondo de 20 centímetros de diámetro.

Derrite el chocolate. Agrega el café, mezcla, y luego añade la mantequilla en trozos hasta que se funda y obtengas una preparación homogénea.

Separa los huevos, por un lado las yemas y por otro las claras, que debes montar hasta que formen picos blancos.

Bate las yemas ligeramente con el azúcar e incorpóralas al chocolate, removiendo continuamente. Vierte el puré de remolacha y las claras de huevo y mezcla con movimientos envolventes.

Por último, agrega la preparación tamizada de harina, levadura y cacao en polvo. Remueve con una espátula hasta que se integren los ingredientes. Vierte la masa en el molde y hornea el bizcocho durante unos 35 minutos.

Saca el bizcocho del horno, deja que repose durante 5 minutos en el molde, pásalo a una rejilla y espera a que se enfríe, o incluso hasta el día siguiente, para cortarlo, ya que es bastante húmedo y podría romperse.

EL RELLENO

Derrite el chocolate junto a la nata. Agrega el licor y la pizca de sal, removiendo hasta que se integre. Por último, incorpora la mantequilla y mezcla hasta que obtengas una crema homogénea.

TARTA DE CHOCOLATE Y REMOLACHA

JUGOSA Y ORIGINAL

LA COBERTURA

Hierve la nata y viértela sobre el chocolate troceado. Remueve hasta que se derrita completamente, añade la miel y mezcla.

EL MONTAJE

Corta el bizcocho por la mitad y cubre la base con el relleno de forma que se reparta bien por toda la superficie. Coloca la tapa de la tarta y vierte encima la cobertura para que todo el pastel quede cubierto. Puedes ayudarte de una espátula repostera.

Refrigera hasta el día siguiente y saca la tarta de la nevera unos minutos antes de servir. La tarta está mucho mejor si dejas que repose un día entero en la nevera para que los sabores se asienten.

UN PLUS

Esta tarta no sabe a remolacha. La hortaliza solo aporta jugosidad al bizcocho, no sabor.

Las remolachas se cuecen limpias con piel hasta que estén tiernas, más o menos durante media hora, dependiendo del tamaño. Se pelan y se trituran para obtener el puré que se necesita para esta receta.

BESOS DE MERENGUE

DELICADOS Y ELEGANTES BOCADITOS, PERFECTOS PARA CUALQUIER CELEBRACIÓN

| 20 raciones

| 2 horas y media

| Dificultad media

PARA LOS MERENGUES

Claras de huevo .... **90 g**
Sal .... **Una pizca**
Zumo de limón ...... **Unas gotas**
Azúcar .... **180 g**
Colorante alimentario .... **Opcional**

PARA EL RELLENO

Nata 35 % mg .... **45 g**
Chocolate blanco .... **60 g**
Frambuesas .... **35 g**
Colorante alimentario .... **Opcional**

LOS MERENGUES

Precalienta el horno a 100 °C con calor arriba y abajo y sin aire.

Monta las claras a punto de nieve fuerte junto a la pizca de sal y las gotas de zumo de limón. Mientras tanto, agrega el azúcar en varias tandas para que se disuelva. Finalmente, si lo deseas, puedes dar color al merengue con un poco de colorante alimentario.

Pon el merengue en una manga pastelera con una boquilla de estrella y forma montoncitos, colocando la manga en vertical a la bandeja forrada con papel sulfurizado.

Hornea los merengues durante unas 2 horas, dependiendo del tamaño, teniendo cuidado de que no cojan color y abriendo de vez en cuando el horno unos segundos para que salga el vapor. Apaga el horno, entreabre la puerta y espera a que se enfríe antes de sacar los merengues.

EL RELLENO

Hierve la nata y viértela sobre el chocolate troceado. Remueve hasta que se disuelva y añade las frambuesas trituradas. Colorea la mezcla con un poco de colorante, si lo deseas.

Deja que el relleno se enfríe y pon un poco en la mitad de los merengues, cierra con la otra mitad y sírvelos.

UN PLUS

Conserva los merengues sin rellenar en una lata hermética o en una fiambrera preservados de la humedad para que no se reblandezcan.

CRULLERS

COMO LAS ROSQUILLAS DE SAN FROILÁN

| 12 raciones
| 1 hora
| Dificultad media

PARA LA MASA

Leche	**125 g**
Mantequilla	**40 g**
Azúcar glas	**20 g**
Sal	**Una pizca**
Harina de repostería	**70 g**
Huevo (L)	**1**
Vainilla	**Al gusto**
Aceite suave	**Para freír**

PARA EL GLASEADO

Azúcar glas	**100 g**
Agua	**2 cdas**
Licor de naranja	**1 cdta**

LA MASA

Calienta en un cazo amplio la leche con la mantequilla, el azúcar y la vainilla hasta que todos los ingredientes se disuelvan y unan. Cuando la mezcla esté a punto de hervir, retira el cazo del fuego, agrega la harina y remueve con rapidez. Pon de nuevo el cazo al fuego y, con una cuchara de madera, cuece la masa durante unos minutos hasta que se despegue de las paredes y esté homogénea.

Retira el cazo del fuego, agrega la yema de huevo y mezcla hasta que se integre perfectamente. Añade parte de la clara, o toda si es necesario, para formar una masa brillante, muy suave y que aguante la forma.

En este primer paso se elabora una masa choux tradicional. Sigue el mismo proceso que en los éclairs.

EL FORMADO

Pon la masa en una manga pastelera con una boquilla grande de estrella abierta. Aparte recorta cuadrados de papel de horno de unos 8 × 8 centímetros de lado y engrásalos con un poco de aceite con la ayuda de un pincel. Haciendo esto es mucho más fácil manipular las rosquillas para la fritura posterior.

Forma círculos de masa para formar los crullers, colocando la manga en posición vertical con respecto al papel.

LA FRITURA

Calienta abundante aceite de girasol a unos 175-180 °C; debes mantener la temperatura constante durante toda la fritura, así que baja o sube el fuego según convenga.

Introduce los crullers en el aceite con el papel hacia arriba; a los pocos segundos este se soltará.

Saca el papel con unas pinzas y fríe las «rosquillas» durante unos 2 minutos por cada lado, o hasta que estén doradas. Colócalas sobre papel absorbente y deja que se enfríen completamente antes de cubrir con el glaseado.

EL GLASEADO

Mezcla en un cuenco todos los ingredientes hasta que no haya grumos y tengas una pasta homogénea. Sumerge la parte superior de los crullers en la glasa y colócalos sobre una rejilla para que se sequen totalmente.

Consúmelos lo antes posible, preferiblemente recién hechos.

UN PLUS

Prescinde del licor del glaseado si los niños van a consumir los crullers.

TARTALETAS CLÁSICAS DE CREMA

BASE DULCE, CREMA Y FRUTA. ¡QUÉ DELICIA!

| 6 raciones
| 1 hora
| Dificultad media

PARA LAS TARTALETAS

Harina de repostería....... **250 g**
Mantequilla muy fría....... **125 g**
Azúcar glas....................... **100 g**
Sal................................ **Una pizca**
Huevo (M).................................. **1**

PARA LA CREMA

Leche................................. **500 g**
Azúcar................................ **150 g**
Yemas de huevo........................ **4**
Maicena................................ **15 g**
Almendra molida................ **10 g**
Corteza de limón....... **Opcional**
Vainilla.......................... **Opcional**

PARA LA DECORACIÓN

Frambuesas .... **Al gusto**

LAS TARTALETAS

Pon todos los ingredientes en un cuenco dejando la mantequilla para el final. Agrega la mantequilla muy fría en trozos y, con las yemas de los dedos, mezcla todos los ingredientes hasta conseguir una especie de migas. Amasa un poco, sin deshacer los trozos de mantequilla y hasta que justo puedas formar una bola. Envuelve la masa en film transparente y deja que repose en la nevera durante 1 hora más o menos.

LA CREMA PASTELERA

Vierte en un cazo 400 g de leche entera junto con el azúcar, la corteza de limón y la vainilla al gusto. Calienta a fuego bajo para que el azúcar se disuelva. En otro cuenco, agrega los otros 100 g de leche, en los que desleirás la maicena sin dejar grumos. Bate las yemas de huevo, lo justo para que no haya coágulos, y agrégalas a esta preparación de leche y almidón de maíz.

Cuando la leche esté a punto de hervir, retírala del fuego, saca la corteza de limón, y, poco a poco, sin dejar de remover con unas varillas, vierte la mezcla de yemas. Cuando la añadas toda, pon el cazo de nuevo al fuego y, sin dejar de mover, espera a que la crema espese y adquiera una textura algo más densa que la de unas natillas. Ten mucho cuidado de que no llegue a hervir para evitar que se corte.

Retira la crema pastelera del fuego, añade la almendra molida, mezcla y cubre con film transparente de modo que esté en contacto con la superficie de la crema para que no se forme una costra. Deja que la crema se enfríe totalmente a temperatura ambiente.

TARTALETAS CLÁSICAS DE CREMA

BASE DULCE, CREMA Y FRUTA. ¡QUÉ DELICIA!

EL HORNEADO

Precalienta el horno a 170 °C con calor arriba y abajo y sin aire, o a 150 °C con aire.

Saca la masa de la nevera y, sobre la superficie de trabajo ligeramente enharinada, estira la masa hasta que tenga un grosor de unos 4 milímetros, más o menos. Corta círculos de diámetro mayor al de tu molde, y coloca la masa sobre los mismos previamente engrasados con mantequilla. Presiona los bordes para que queden bien marcados y corta el exceso de masa.

Hornea las tartaletas en blanco, es decir, sin el relleno. Si tienes bolas de cerámica, úsalas; si no, puede ser útil alguna legumbre seca que pese. Pincha con un tenedor la base de cada tartaleta para evitar que suba, coloca un poco de papel sulfurizado y encima las legumbres o bolitas. Hornea unos 10 minutos, dependiendo del horno, hasta que los bordes de las tartaletas estén ligeramente dorados.

Retira las bolitas o legumbres y hornea de nuevo las tartaletas durante otros 5 minutos más, o hasta que el centro de cada una de ellas también esté dorado. Sácalas del horno y deja que se enfríen sobre una rejilla.

Rellena cada tartaleta con la crema pastelera y decora con las frambuesas limpias.

UN PLUS

Sustituye las frambuesas por la fruta que más te guste: melocotón, arándanos, cerezas, grosellas...

Si no vas a servir las tartaletas al instante, refrigéralas hasta el momento en que las vayas a consumir.

TARTA DE NECTARINAS

UNA TARTA IDEAL PARA CUALQUIER CELEBRACIÓN VERANIEGA

| 12 raciones

| 1 hora

| Dificultad media

PARA LA BASE

Mantequilla .... **190 g**
Azúcar glas .... **100 g**
Huevo (L)........................... **1**
Zumo de naranja .... **30 g**
Harina de repostería....... **400 g**
Levadura química.............. **2 g**
Sal .... **2 g**

PARA LA CREMA

Leche................................ **500 g**
Azúcar............................... **150 g**
Yemas de huevo................ **4**
Maicena............................. **15 g**
Almendras molidas .... **75 g**

PARA LA DECORACIÓN

Nectarinas rojas **3**
Pistachos tostados... **Al gusto**
Almendras
laminadas.................... **Al gusto**

LA BASE

Mezcla la mantequilla a temperatura ambiente con el azúcar y bátelo hasta que obtengas una crema blanca y con volumen. Añade el huevo y el zumo de naranja mientras sigues batiendo. Aparte, incorpora bien la harina con la levadura y la sal, y agrégala tamizada a la preparación anterior.

Haz una bola, envuélvela en film transparente y refrigérala durante 2 horas. Saca la masa de la nevera y engrasa un molde desmontable para tarta de unos 26 centímetros.

Coloca la masa en el centro del molde y, con la palma de la mano, estírala poco a poco hasta llegar a los bordes. Retira el exceso de masa, cubre el molde con film transparente e introdúcelo en el congelador unos minutos mientras preparas el relleno.

EL RELLENO

Vierte en un cazo 400 g de leche entera junto con el azúcar. Calienta a fuego bajo para que el azúcar se disuelva. En otro cuenco, pon los otros 100 g de leche, y deslíe la maicena sin dejar grumos. Bate las yemas de huevo, lo justo para que no haya coágulos, y agrégalas a esta mezcla de leche y almidón de maíz.

Cuando la leche esté a punto de hervir, retírala del fuego, y, poco a poco, sin dejar de remover con unas varillas, vierte la preparación de las yemas.

Una vez la añadas toda, pon el cazo de nuevo al fuego y, sin dejar de remover, espera a que la crema espese y adquiera una textura algo más densa que la de unas natillas. Ten mucho cuidado de que no hierva para evitar que se corte.

Retira la crema pastelera del fuego, añade la almendra molida, mezcla y cubre con film transparente de modo que esté en contacto con la superficie de la crema para que no se forme una costra. Deja que la crema se enfríe a temperatura ambiente.

EL HORNEADO

Calienta el horno a 180 °C con calor arriba y abajo. Saca el molde del congelador, pincha la base de la tarta con un tenedor y vierte la crema encima. Corta las nectarinas con piel en rodajas finas, una vez limpias y secas, y colócalas de forma armoniosa sobre la crema.

Hornea la tarta durante unos 25 minutos, hasta que la masa esté dorada. Ponla en una rejilla y deja que se enfríe. Pincela con un poco de mermelada de melocotón antes de servir y decora con pistachos y almendras laminadas.

UN PLUS

Puedes servir esta tarta tanto tibia como fría, aunque está mucho más rica si la dejas reposar en el frigorífico de un día para otro.

GALICIA EN VENA

NO PODÍAN FALTAR LAS RECETAS MÁS ESPECIALES DE MI NIÑEZ, LAS QUE ME HAN ACOMPAÑADO SIEMPRE Y QUE SIGUEN TAN PRESENTES EN MI COCINA. REPOSTERÍA GALLEGA EN TODA REGLA.

OREJAS

EL CARNAVAL NO ES NADA SIN ELLAS

| 24 raciones

| 1 hora

| Dificultad media

INGREDIENTES

Leche	**125 g**
Anís	**12 g**
Huevos (M)	**2**
Mantequilla	**75 g**
Manteca de cerdo	**50 g**
Azúcar	**100 g**
Harina de repostería	**500 g**
Ralladura de limón	**1 limón**
Corteza de limón	**1 limón**
Canela	**1 ramita**
Aceite suave	**Para freír**

LA MASA

Elabora la masa mezclando la leche, el anís, los huevos batidos, la mantequilla, la manteca, el azúcar, la ralladura de limón y la harina hasta conseguir una masa manejable, no excesivamente dura.

Envuelve la masa en film transparente y deja que repose refrigerada durante un par de horas.

LA FRITURA

Calienta abundante aceite en una sartén honda, junto con la rama de canela y la corteza de limón. Coge la masa y divídela en bolitas del tamaño de una nuez. Aplástalas un poco y estíralas muy finas con un rodillo.

Una vez que el aceite esté caliente, echa las orejas en la sartén. Con la ayuda de un tenedor, introduce hacia adentro uno de los laterales de la parte más larga de la masa para darle la forma típica.

En cuanto estén doradas, colócalas sobre papel absorbente hasta que estén frías. Espolvorea con azúcar glas.

UN PLUS

Las orejas se conservan perfectamente de un día para otro siempre que las mantengas protegidas del aire y la humedad. No te olvides de taparlas bien.

FILLOAS

NO FALTAN EN NINGUNA CASA GALLEGA

| 24 raciones

| 1 hora

| Dificultad media

INGREDIENTES

Huevos (M) **2**
Leche................................. **500 g**
Harina................................ **300 g**
Sal .... **Una pizca**

LA MASA

Bate los huevos con la leche y la pizca de sal. Agrega poco a poco la harina mientras remueves con un tenedor o una varilla para que no queden grumos.

Deja que la masa repose tapada 1 hora como mínimo. Transcurrido este tiempo la mezcla habrá espesado un poco.

LA FRITURA

Calienta una filloeira o sartén a fuego fuerte. Úntala ligeramente con un trozo de tocino o mantequilla y retira el exceso con papel de cocina. Remueve la masa y vierte un poco sobre la sartén caliente mientras la mueves para que cubra por completo su superficie. En cuanto veas que sobre la masa se crean unas pequeñas burbujas, da la vuelta a la filloa y cuece por el otro lado.

Vuelve a untar la sartén con el tocino, si es necesario, y repite la operación hasta terminar toda la masa, teniendo en cuenta que las filloas deben ser muy finas.

A medida que vayan estando cocidas, colócalas en un plato unas sobre otras hasta que las vayas a consumir (si las vas a tomar con azúcar, espolvorea cada filloa aún caliente antes de colocar la siguiente encima).

UN PLUS

Tradicionalmente, en la matanza del cerdo, las filloas se preparan con una masa que contiene parte de leche y parte de la sangre del animal.

FLORES

UN DULCE TRADICIONAL QUE NUNCA PASA DE MODA

| 24 raciones

| 1 hora

| Dificultad media

INGREDIENTES

Leche	**250 g**
Huevo (M)	**1**
Sal	**Una pizca**
Harina	**200 g**
Anís, naranja o canela	**Al gusto**
Aceite suave	**Para freír**
Azúcar	**Al gusto**

LA MASA

Bate la leche con el huevo y añade la pizca de sal y el aroma que prefieras. A medida que la vayas necesitando, ve agregando poco a poco la harina mientras bates con un tenedor. La masa debe quedar lisa y sin grumos; puedes ayudarte de una varilla o batidora.

Deja que la masa repose unos 20 minutos. Espesará un poco.

LA FRITURA

Calienta abundante aceite de girasol en una sartén honda. Introduce el molde para las flores para que vaya calentándose junto con el aceite.

Cuando el molde esté muy caliente y el aceite en su punto (unos 180 °C), sácalo del aceite, introdúcelo hasta la mitad de la masa, aproximadamente, y vuelve a meterlo en la sartén sin que toque el fondo. Unos segundos después, la flor debe desprenderse. Si no fuera así, puedes emplear un tenedor para que se despegue.

LA DECORACIÓN

Una vez dorada cada flor, colócalas sobre papel absorbente para que se escurra el exceso de aceite. Reboza con azúcar y reserva mientras repites la operación con el resto de la masa hasta que se termine.

UN PLUS

Elabora las flores con la menor antelación posible para que se conserven crujientes.

ROSQUILLAS

LA RECETA DE MAMÁ PARA CELEBRAR SAN BLAS

| 30 raciones

| 1 hora

| Dificultad baja

INGREDIENTES

Huevos (M)	**3**
Azúcar	**125 g**
Leche	**70 g**
Aroma de anís	**12 g**
Ralladura de limón	**1 limón**
Ralladura de naranja	**1 naranja**
Mantequilla	**50 g**
Levadura química	**16 g**
Harina de repostería	**500 g**
Aceite suave	**Para freír**
Corteza de naranja	**1 naranja**

LA MASA

Bate los huevos con el azúcar. Añade la leche, el aroma de anís o anís seco y las ralladuras mientras sigues batiendo.

Agrega la mantequilla en trozos y la harina junto a la levadura a medida que se vaya precisando, hasta obtener una masa húmeda y manejable.

Envuélvela en film transparente y deja que repose en la nevera durante unas 2 horas.

LA FRITURA

Pon al fuego una sartén con abundante aceite y la corteza de naranja para que el aceite se aromatice poco a poco. Divide la masa en trozos iguales. Para formar las rosquillas, haz rollitos de masa que debes unir por ambos extremos.

LA DECORACIÓN

Retira la corteza de naranja del aceite y fríe las rosquillas por ambos lados hasta que se doren. Colócalas sobre papel absorbente, y una vez frías, espolvoréalas con azúcar glas, si lo deseas.

UN PLUS

Aprovecha y prepara bastante cantidad, ya que las rosquillas se conservan muy bien durante varios días.

MELINDRES

LOS MÁS FAMOSOS, LOS DE MELIDE. ESTA ES LA RECETA QUE MÁS SE ASEMEJA A LOS ORIGINALES

| 12 raciones

| 1 hora

| Dificultad alta

PARA LA MASA

Yemas de huevo (XL)	**12**
Manteca de vaca	**30 g**
Anís	**60 g**
Harina de repostería	**500 g**
Levadura química	**1/2 cdta**

PARA LA COBERTURA

Azúcar	**500 g**
Agua	**165 g**

LOS MELINDRES

Derrite la manteca y deja que se temple ligeramente. Bate las yemas de huevo hasta que espumen y blanqueen. Añade la manteca y el anís, y, poco a poco, la harina con la levadura, hasta que obtengas una masa manejable, pero más bien blanda y nada dura, incluso que se pegue un poco. Puede que sobre algo de harina, o al contrario, dependiendo de la capacidad de absorción de esta.

Divide la masa en trozos del tamaño de una nuez. Forma un rulo de unos 10 centímetros de largo y enróscalo para formar el melindre. Repite la operación con el resto de la masa. Coloca los melindres sobre la placa de horno forrada de papel sulfurizado y deja que reposen durante 1 hora.

Hornea los melindres a 200 °C con calor arriba y abajo y sin aire durante unos 8-10 minutos, o hasta que estén ligeramente dorados. Colócalos en una rejilla y deja que se enfríen por completo antes de glasearlos.

EL GLASEADO

Vierte el azúcar y el agua en un cazo, y, sin remover, deja que hierva a fuego lento. Tienes que conseguir un almíbar en punto de hilo fuerte (debe alcanzar unos 110 °C, y, si coges con mucho cuidado de no quemarte un poco entre las yemas de los dedos, debe formar una hebra gruesa de unos 5 milímetros de grosor).

Pon los melindres en el almíbar y remueve continuamente hasta que se empapen bien y se peguen. Colócalos en una rejilla para que se sequen y resérvalos.

UN PLUS

La manteca de vaca puede sustituirse por mantequilla.

BRISTOW'S
BARLEY
SUGAR

LARPEIRA

UN BOLLO CON CREMA ESPECTACULAR QUE PUEDES ENCONTRAR EN MUCHAS PARTES DE GALICIA

| 1 larpeira grande

| 3 horas

| Dificultad alta

PARA EL FERMENTO

Leche .... **100 g**
Levadura fresca .... **10 g**
Harina de fuerza .... **100 g**

PARA LA MASA

Huevos (M) **2**
Yema de huevo (M) **1**
Anís .... **30 g**
Leche .... **25 g**
Azúcar .... **60 g**
Ralladura de limón .... **1 limón**
Harina de fuerza .... **325 g**
Mantequilla .... **60 g**
Huevo .... **Para barnizar**

PARA LA CREMA

Leche .... **250 g**
Azúcar .... **90 g**
Yemas de huevo (M) **2**
Maicena .... **20 g**
Vainilla .... **Al gusto**

PARA EL ALMÍBAR

Azúcar .... **50 g**
Agua .... **50 g**
Anís .... **50 g**

LA CREMA

Calienta la leche junto al azúcar y reserva un poco para disolver la maicena. Una vez que humee, retira el cazo del fuego y agrega las dos yemas de huevo batidas, junto a la maicena. Remueve rápidamente y vuelve a colocar el cazo en el fuego.

La crema debe espesarse en unos minutos, pero no debe llegar a hervir porque se cortaría. Retira el cazo del fuego y cubre la crema con film transparente, de forma que esta quede en contacto con la superficie (de este modo no se crea costra), y deja que se enfríe mientras elaboras la masa.

EL FERMENTO Y LA MASA

Para hacer el fermento, mezcla la leche con la levadura y la harina, cúbrelo y deja que fermente durante una hora o algo menos, hasta que burbujee y haya aumentado de volumen.

Ahora, para hacer la masa final, bate los huevos y la yema, y añade el anís, la leche, el azúcar y la ralladura de limón. Agrega el fermento y un poco de harina y comienza a remover con una cuchara. Termina de incorporar la harina y engrásate las manos y la mesa de trabajo con un poco de aceite o mantequilla.

Vuelca la masa y comienza el amasado. Recomiendo que en este caso utilices el amasado francés, que conseguirá una masa fina y elástica. Cuando tengas una masa cohesionada, añade la mantequilla en trozos pequeños y sigue amasando hasta que se integre completamente.

Forma una bola y colócala en un cuenco limpio engrasado. Cúbrela y deja que fermente durante 1 hora, o hasta que duplique su volumen inicial.

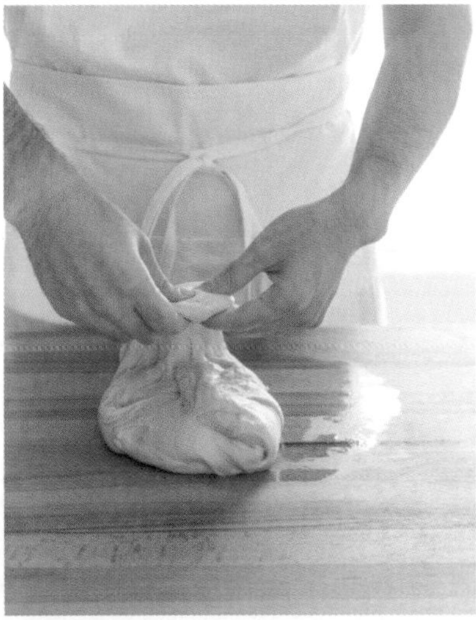
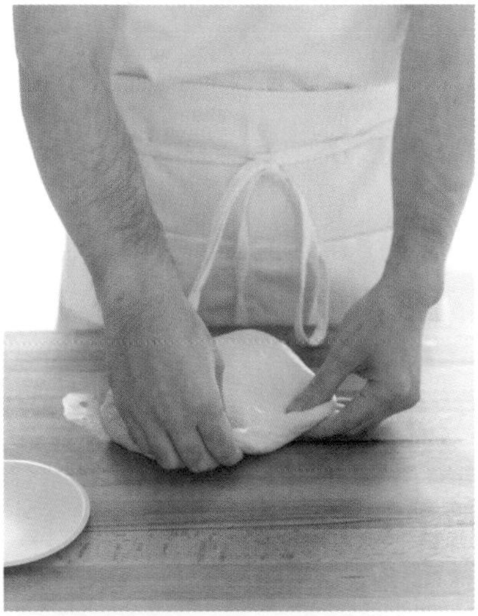
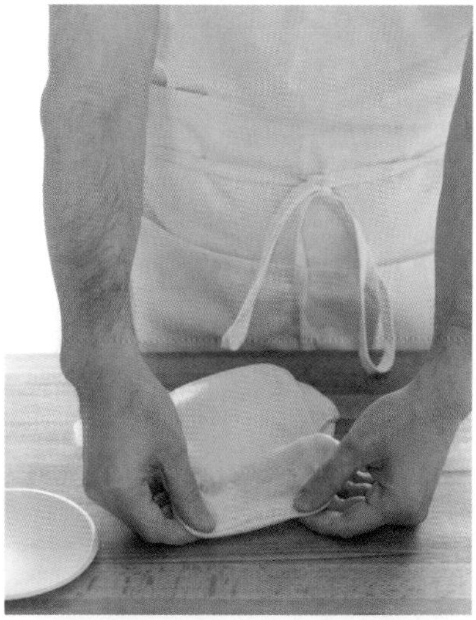

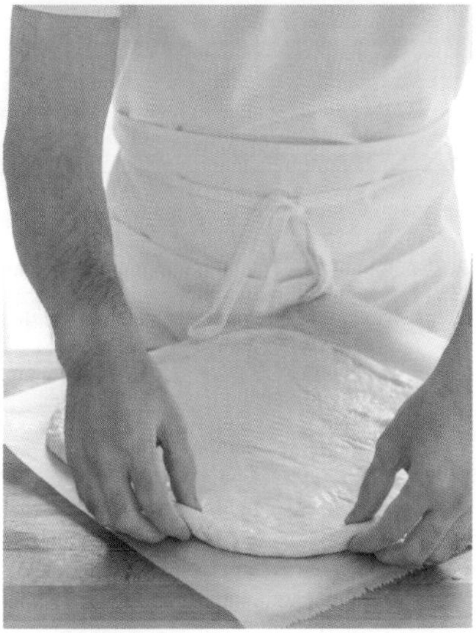

EL FORMADO

Vuelca la masa sobre la mesa engrasada y sácale todo el gas de la fermentación presionando con los dedos y las manos. Estira la masa formando un óvalo y colócala sobre una bandeja de horno forrada con papel sulfurizado. Pincela con huevo batido.

Ahora, con un cuchillo bien afilado o una cuchilla de pan, haz unos cortes transversales, de forma que obtengas un dibujo de retícula cuadrada sobre toda la masa. Sobre estos cortes aplica la crema pastelera, ayudándote de una manga pastelera, y decora con un poco de azúcar humedecido en unas gotas de agua.

Cubre la larpeira con film transparente engrasado, o un paño que no se pegue, y deja que fermente mientras calientas el horno.

EL HORNEADO

Hornea la larpeira durante unos 25 minutos a 180 °C, o hasta que esté bien dorada. Si se dora muy rápido puedes cubrirla con papel de aluminio y proseguir la cocción.

EL ALMÍBAR

Calienta el azúcar junto al agua y el anís hasta que hiervan, y se forme un almíbar ligero. En cuanto saques la larpeira del horno pincélala con el almíbar aún caliente y deja que se enfríe antes de servirla.

UN PLUS

Es mejor comer la larpeira el mismo día que la hagas.

NATIONAL
DRIED MILK

MAGDALENAS DE NATA

TRADICIONALMENTE, ESTAS MAGDALENAS SE ELABORABAN CON LA NATA DE LA LECHE RECIÉN ORDEÑADA

| 12 raciones
| 45 minutos
| Dificultad baja

INGREDIENTES

Huevos (M)	**4**
Azúcar	**250 g**
Ralladura de naranja	**1 naranja**
Nata 35 % mg	**150 g**
Mantequilla	**250 g**
Harina de repostería	**400 g**
Levadura química	**16 g**

LA MASA

Derrite la mantequilla y deja que se temple. Bate los huevos junto al azúcar y la ralladura de naranja, hasta que blanqueen y aumenten de volumen y obtengas una crema suave y espumosa. Mientras sigues batiendo, agrega la nata y la mantequilla en forma de hilo.

Mezcla la harina con la levadura química y tamízalas sobre la masa. Bate esta preparación durante 2 minutos a velocidad fuerte.

EL REPOSO

Vierte la masa en cápsulas rígidas de papel, llenándolas tres cuartas partes de su capacidad. Refrigera las magdalenas durante al menos media hora.

EL HORNEADO

Precalienta el horno a 250 °C con calor arriba y abajo. Hornea las magdalenas a 200 °C durante 10 minutos y luego a 180 °C durante otros 5 minutos más, o hasta que se doren (dependerá del tamaño de las magdalenas). Sácalas del horno y deja que se enfríen sobre una rejilla.

UN PLUS

Para que las magdalenas suban debes hornearlas en moldes rígidos o bien introducir las cápsulas de papel en flaneras, o en una bandeja de metal especial para muffins.

ROSCA TRENZADA DE PASCUA

LA TRENZA QUE SE REGALA TRADICIONALMENTE A LOS AHIJADOS

| 2 roscas

| 3 horas

| Dificultad media

PARA EL FERMENTO

Harina de fuerza	**100 g**
Leche	**100 g**
Levadura fresca	**5 g**

PARA LA MASA

Harina de fuerza	**450 g**
Levadura fresca	**5 g**
Leche	**50 g**
Zumo de naranja	**30 g**
Anís	**20 g**
Miel de flores	**30 g**
Huevos (M)	**3**
Azúcar	**100 g**
Sal	**Una pizca**
Mantequilla	**60 g**
Huevo	**Para pincelar**
Azúcar	**Para decorar**

EL FERMENTO Y LA MASA

Para el fermento, mezcla los ingredientes y deja que reposen tapados durante 1 hora.

Para elaborar la masa, pon en un cuenco amplio la harina y desmenuza sobre ella la levadura. Agrega poco a poco el resto de ingredientes (incluido el fermento), excepto la mantequilla, que dejarás para el final una vez que la masa esté ligada.

Pasa a la superficie de trabajo enharinada y amasa hasta obtener una masa lisa. Haz una bola, colócala en un cuenco limpio y deja que fermente tapada durante 1 hora.

EL FORMADO

Vuelca la masa sobre la superficie enharinada, extrae el gas que se ha producido durante la fermentación y divídela en dos partes para hacer dos roscas, o bien, si lo prefieres, trabaja con toda la masa a la vez para elaborar una rosca grande.

Para hacer cada rosca, estira la masa en dos partes iguales, formando dos rulos suficientemente grandes para que puedas trenzarlos entre sí sin problemas.

Une uno de los extremos y trenza el resto. Obtendrás una trenza de dos cabos, que cerrarás para formar una rosca, aunque también puedes dejarla en forma de trenza.

Colócalas con cuidado sobre la bandeja del horno forrada con papel sulfurizado, pincélalas con huevo batido y deja que fermenten hasta que casi dupliquen su volumen inicial.

ROSCA TRENZADA DE PASCUA

ES UN DULCE TÍPICO QUE SE REGALA
A LOS AHIJADOS DURANTE LA PASCUA EN GALICIA

EL HORNEADO

Precalienta el horno a 180 °C con calor arriba y abajo, y sin aire. Vuelve a pincelar las roscas con huevo batido, esta vez con mucho cuidado, y decora con montoncitos de azúcar.

Hornea durante unos 25 o 30 minutos, dependiendo del tamaño de las mismas. Si se doran muy rápido puedes cubrirlas con papel de aluminio.

Deja que las roscas de Pascua se enfríen sobre una rejilla antes de consumirlas.

UN PLUS

Lo mejor es preparar esta rosca el mismo día que se va a consumir, ya que al ser casera y no contener conservantes se suele resecar un poco.

CHULAS DE CALABAZA

ESTE POSTRE CON CALABAZA NO PASARÁ DESAPERCIBIDO POR SU ORIGINALIDAD Y DELICIOSO SABOR

| 24 raciones

| 45 minutos

| Dificultad baja

INGREDIENTES

Puré de calabaza	**250 g**
Huevos (M)	**2**
Azúcar	**30 g**
Canela	**Una pizca**
Harina	**60 g**
Levadura química	**1/4 cdta**
Aceite suave	**Para freír**
Azúcar glas	**Al gusto**

LA MASA

Mezcla el puré de calabaza con los huevos batidos, el azúcar y la pizca de canela. Espolvorea con la harina y añade la levadura. Remueve bien la preparación con una varilla hasta que no quede ningún grumo. Cubre con film transparente y deja que la masa repose durante 30 minutos.

LA FRITURA

Calienta abundante aceite. Mueve un poco la masa por si se ha formado poso en el fondo y, con la ayuda de una cuchara, vierte porciones de masa sobre el aceite bien caliente.

Retira las chulas en cuanto estén doradas por ambos lados. Colócalas sobre papel absorbente para que se escurra el exceso de aceite y sírvelas templadas, espolvoreadas de azúcar glas.

UN PLUS

Elabora el puré de calabaza cociendo calabaza sin piel ni semillas. No le añadas ni sal ni azúcar, puesto que para las chulas se utiliza tal cual.

T
Rúa
PESCADERÍAS

HOJAS DE LIMONERO

MUY SEMEJANTE A LOS PAPARAJOTES DE MURCIA, AUNQUE EN ESTE CASO SON DE LUGO

| 24 raciones

| 45 minutos

| Dificultad baja

INGREDIENTES

Harina................................. **125 g**
Leche..................................... **75 g**
Huevos (M) **2**
Sal .... **Una pizca**
Hojas de limonero................. **24**
Aceite de oliva .... **Para freír**
Azúcar.................. **Para decorar**

LA MASA

Bate los huevos con la sal. Agrega la leche y la harina, y remueve con un tenedor hasta que no queden grumos y obtengas una masa homogénea.

Deja que la masa repose cubierta durante media hora.

LA FRITURA

Calienta abundante aceite de oliva, reboza las hojas de limonero en la masa, sujetándolas por al tallo y evitando que se manche esa parte, y fríelas hasta que se doren por ambos lados.

Pásalas a una bandeja con papel absorbente para que escurra el exceso de aceite y rebózalas con azúcar o bien sírvelas espolvoreadas de azúcar glas.

UN PLUS

Recuerda que debes retirar las hojas antes de degustar el dulce, ya que ¡las hojas no se comen!

Ten en cuenta que las hojas deben ser lo más frescas posible para que conserven todo su aroma. Debes lavarlas y secarlas muy bien antes de emplearlas.

EMPANADA DE MANZANA

EMPANADA DULCE TÍPICA DE GALICIA A LA QUE TAMBIÉN SE LE AGREGA CEBOLLA O PASAS, SEGÚN LA ZONA

| 1 empanada

| 45 minutos

| Dificultad baja

INGREDIENTES

Manzanas	**1 Kg**
Hojaldre fresco	**2 láminas**
Azúcar	**60 g**
Canela	**Una pizca**
Ron	**Un chorrito**
Huevo (M)	**1**
Azúcar moreno	**10 g**

LAS MANZANAS

Pela y descorazona las manzanas. Córtalas en trozos pequeños, como si se tratase de patatas para tortilla. Agrega el azúcar blanquilla, el ron y la canela, y remueve bien las manzanas para que se impregnen. Cuécelas en el microondas durante 10 minutos, o bien en una olla con un poco de agua. Reserva.

LA EMPANADA

Estira las dos láminas de hojaldre y pínchalas con un tenedor. Coloca la que hará de base sobre la bandeja de horno forrada con papel sulfurizado. Vierte encima el relleno, dejando 1 centímetro libre en todo el contorno. Pincela con huevo batido el contorno de la empanada, pon encima la otra lámina de hojaldre, que hará de tapa, y sella los bordes con la ayuda de un tenedor. Pinta toda la superficie con huevo batido, espolvorea con el azúcar moreno y haz un agujero en la tapa para que la empanada «respire».

EL HORNEADO

Hornea la empanada de manzana a 200 °C, hasta que la superficie esté dorada. Retírala del horno y deja que se enfríe. Es conveniente tomar esta empanada a temperatura ambiente, no caliente.

UN PLUS

Si quieres probar el toque de cebolla en esta empanada dulce, no tienes más que agregar al relleno una cebolla mediana, que debes pochar en un poco de aceite. Una vez que esté completamente rehogada, mézclala con las manzanas.

BIZCOCHÓN

BIZCOCHO TRADICIONAL QUE NO FALTA EN NINGUNA SOBREMESA O CELEBRACIÓN GALLEGA

| 12 raciones

| 1 hora

| Dificultad media

INGREDIENTES

Huevos (M) **6**
Azúcar................................. **160 g**
Harina de repostería....... **100 g**
Sal .... **Una pizca**

LA MASA

Separa las yemas de las claras. Monta las yemas con el azúcar hasta que dupliquen su volumen y formen una crema muy suave. Tendrás que batirlas al menos durante 25 minutos, ya que es muy importante que la masa contenga mucho aire. Por otro lado, monta las claras a punto de nieve fuerte con la pizca de sal. Precalienta el horno a 180 °C con calor arriba y abajo y sin aire.

Tamiza la harina sobre la crema de yemas y mezcla con cuidado hasta que los ingredientes estén bien incorporados. Puedes alternar la adición de harina con un poco de claras si la masa ha quedado muy espesa. Por último, agrega las claras, intentando que la masa pierda el menor volumen posible para que conserve el aire. Recuerda que este bizcocho no lleva levadura y que su volumen se debe solo al aire de la masa. Vierte la masa con cuidado en un molde engrasado y ligeramente enharinado.

EL HORNEADO

Hornea sobre la rejilla en el nivel 2, a 165 °C, con calor abajo, durante los primeros 30 minutos; luego, conecta también el calor superior y hornea durante media hora más, o hasta que el bizcocho esté cocido.

Si el bizcocho se dora demasiado puedes cubrirlo con papel de aluminio. Cuando esté listo, apaga el horno, entreabre la puerta y déjala así durante 5 minutos. Retira el bizcocho y colócalo boca abajo sobre una rejilla hasta que se enfríe.

UN PLUS

Bate bien tanto las claras como las yemas para que la miga quede aireada y esponjosa.

TARTA DE SANTIAGO

LA TARTA MÁS FAMOSA CON UNA BASE DE ALMENDRA Y UN LIGERO AROMA DE LIMÓN, QUE TRASPASA LAS FRONTERAS

| 1 tarta de 24 cm

| 45 minutos

| Dificultad baja

INGREDIENTES

Almendras molidas .... **250 g**
Azúcar .... **225 g**
Huevos (M) **4**
Ralladura de limón .... **1/2 limón**
Azúcar glas .... **Para espolvorear**
Mantequilla .... **Para engrasar**

LA MASA

Bate ligeramente los huevos, junto al azúcar y la ralladura de limón. También puedes agregar un poco de canela, si lo deseas. La mezcla no debe coger aire, de manera que no la batas en exceso, solo lo justo para que se mezclen los ingredientes.

Agrega las almendras, remueve la masa y viértela en los moldes previamente engrasados.

EL HORNEADO

Hornea las tartaletas a 180 °C durante unos 20 minutos, o hasta que la superficie esté dorada y el interior de la tarta seco.

Deja que las tartaletas se enfríen y espolvorea con azúcar glas antes de servirlas.

También puedes hornear la tarta en un molde grande. Estas cantidades son adecuadas para un molde redondo de tartaleta de 24 centímetros de diámetro.

Esta tarta está mucho más rica si dejamos que repose un día entero antes de consumirla.

UN PLUS

Recomiendo utilizar almendra marcona tostada sin sal. Puedes tostarla en casa, si lo prefieres, aunque sea un trabajo extra. En las grandes superficies la encontrarás sin ningún problema.

BICA MANTECADA

EL DULCE TRADICIONAL GALLEGO POR EXCELENCIA Y EL MÁS EXTENDIDO POR TODO EL MUNDO

| 12 raciones

| 1 hora

| Dificultad baja

PARA EL FERMENTO

Harina de fuerza.............. **250 g**
Agua.................................. **180 g**
Levadura fresca..................... **2 g**
Sal .... **Una pizca**

PARA LA MASA

Manteca de vaca .... **250 g**
Azúcar................................ **450 g**
Fermento .... **250 g**
Huevos (M).................................. **8**
Ralladura de limón....... **1 limón**
Harina................................. **250 g**
Canela en polvo.......... **Al gusto**

EL FERMENTO

Para preparar el fermento, mezcla los ingredientes procurando que la levadura se disuelva con el agua. Forma una bola, cubre con film transparente y deja que repose al menos durante 1 hora.

Precalienta el horno a 180 °C con calor arriba y abajo y sin aire.

LA MASA

Monta la manteca de vaca con 400 g de azúcar hasta que obtengas una crema blanca. Agrega en trozos pequeños 250 g de fermento (el resto puedes congelarlo o utilizarlo para elaborar pan). Incorpóralo bien en la masa para que no queden grumos.

Agrega los huevos uno a uno, hasta que se integren completamente. Añade la ralladura de limón y la harina tamizada. Mezcla con la ayuda de una espátula hasta que consigas una masa homogénea.

EL HORNEADO

Extiende la masa en un molde rectangular, de unos 27 x 20 centímetros, forrado con papel sulfurizado. Alisa la superficie y espolvorea con los 50 g de azúcar restantes y canela al gusto.

Hornea durante unos 45-50 minutos, o hasta que al pinchar la bica con un palillo, este salga limpio. Deja que se enfríe del todo sobre una rejilla antes de consumir.

UN PLUS

Originalmente la bica se elaboraba con manteca de vaca, pero puedes sustituirla por mantequilla.

CAÑAS DE CREMA

LAS QUE ME ACOMPAÑAN DESDE NIÑA, LAS FAMOSAS CAÑAS DE MI MADRE

| 24 raciones

| 1 hora y media

| Dificultad media

PARA LA CREMA

Leche	**500 g**
Azúcar	**150 g**
Yemas de huevo (M)	**4**
Maicena	**20 g**
Vainilla	**1 vaina**
Corteza de limón	**1 limón**

PARA LA MASA

Harina	**275 g**
Manteca de cerdo	**25 g**
Mantequilla	**25 g**
Sal	**Una pizca**
Leche	**65 g**
Huevo (M)	**1**
Zumo de naranja	**15 g**
Aceite suave	**Para freír**
Azúcar glas	**Para decorar**

LA CREMA

Vierte en un cazo 400 g de leche entera junto con el azúcar, la vainilla y la corteza de limón. Calienta a fuego bajo para que el azúcar se disuelva. En otro cuenco, vierte los otros 100 g de leche y deslíe la maicena sin dejar grumos. Bate ligeramente las yemas de huevo, justo para que no haya coágulos, y agrégalas a esta mezcla de leche y almidón de maíz.

Cuando la leche esté a punto de hervir, retírala del fuego, saca la corteza de limón y la vaina de vainilla, y, poco a poco, sin dejar de remover con unas varillas, vierte la preparación de las yemas. Pon el cazo de nuevo en el fuego y, removiendo continuamente, espera hasta que la crema espese y adquiera una textura algo más densa que la de unas natillas. No dejes que hierva para evitar que se corte.

Retira la crema pastelera del fuego y cúbrela con film transparente de manera que esté en contacto con la superficie de la crema para que no se forme una costra. Deja que la crema se enfríe totalmente a temperatura ambiente y refrigérala hasta el momento de su uso.

LA MASA

En un cuenco, pon la harina, la manteca de cerdo, la mantequilla, la pizca de sal, la leche tibia y el huevo batido. Mezcla todos los ingredientes, añade el zumo de naranja y, si fuese necesario, un poco más de harina hasta conseguir una masa similar a la del pan, pero más grasa y muy maleable; no debe resultar dura.

Forma una bola con la masa, envuélvela en film transparente y deja que repose en la nevera durante 1 o 2 horas. Transcurrido este tiempo, enharina la superficie de trabajo y forma pequeñas bolas de masa del tamaño de una nuez.

CAÑAS DE CREMA

LAS QUE ME ACOMPAÑAN DESDE NIÑA,
LAS FAMOSAS CAÑAS DE MI MADRE

LA FRITURA

Calienta abundante aceite suave es una sartén honda.

Estira cada bola de masa con la ayuda de un rodillo hasta que queden muy finas sobre la mesa de trabajo ligeramente enharinada. Enrolla cada trozo de masa en un molde para cañas engrasado con un poco de mantequilla. Cuando el aceite esté bien caliente, fríe las cañas, hasta que se doren ligeramente por ambos lados.

Una vez fritas, ve colocándolas en una fuente con papel absorbente para eliminar el exceso de aceite. Repite la operación hasta terminar toda la masa.

EL RELLENO

Rellena las cañas de crema, ayudándote de una manga pastelera, justo antes de servirlas para que la masa no se reblandezca y se conserven muy crujientes.

UN PLUS

Puedes espolvorearlas con azúcar glas al servirlas a modo de decoración.

CON MASAS Y A LO LOCO

MIS FAVORITAS, LAS MASAS DULCES FERMENTADAS. SI SIGUES MI TRAYECTORIA EN LA RED, TE DARÁS CUENTA ENSEGUIDA DE QUE ESTE ES MI CAPÍTULO PREFERIDO, O CASI.

BOLLOS DE CHELSEA

AHORA PUEDES ELABORAR TÚ MISMO ESTOS CLÁSICOS BOLLOS ENROLLADOS DE CANELA

| 12 raciones

| 1 hora y media

| Dificultad media

PARA EL RELLENO

Pasas	**75 g**
Licor de naranja	**100 g**
Agua	**100 g**
Azúcar moreno	**65 g**
Canela molida	**1 cdta**
Mantequilla	**20 g**

PARA LA MASA

Harina de fuerza	**300 g**
Sal	**Una pizca**
Levadura fresca	**10 g**
Leche	**125 g**
Azúcar	**30 g**
Ralladura de naranja	**1/2 naranja**
Mantequilla	**25 g**
Huevo (L)	**1**
Huevo	**Para pincelar**

EL RELLENO

En un cuenco pon las pasas, el licor, el agua y 10 g de azúcar moreno. Remueve y deja que se macere durante unas horas. Aparte, mezcla los 55 g de azúcar moreno restantes y la canela. Resérvalos hasta que vayas a emplearlos.

LA MASA

En un cuenco amplio, mezcla la harina y la sal. Desmenuza la levadura e incorpora todo bien. Añade poco a poco la leche tibia, mientras remueves la masa. Agrega el huevo ligeramente batido, así como el azúcar y la ralladura de naranja. Sigue amasando para que se mezclen los ingredientes y, por último, cuando la masa esté ligada, añade la mantequilla en trozos pequeños. Continúa el amasado hasta que obtengas una masa lisa.

Tápala y deja que repose hasta que casi duplique su volumen inicial. Desgasa la masa sacando completamente el gas que se produce durante la fermentación. Deja que se «relaje» durante unos 5 minutos y estírala muy fina formando un rectángulo sobre la mesa de trabajo ligeramente enharinada o engrasada.

Derrite los 20 g de mantequilla y pincela la masa con ella. Esparce por encima la mezcla de pasas escurrida, junto con los azúcares y la canela. Enrolla la masa sobre sí misma, corta rodajas de medio centímetro de grosor y colócalas en una bandeja cuadrada, previamente engrasada o cubierta con papel sulfurizado, separadas unos centímetros entre sí.

Pincela con huevo batido y deja que repose durante una hora más o menos, hasta que los bollos fermenten de nuevo.

EL HORNEADO

Precalienta el horno a 230 °C con calor arriba y abajo, y sin aire. Hornea durante unos 8 minutos, o hasta que los bollos de Chelsea estén dorados.

Saca los bollos del horno y deja que reposen sobre una rejilla antes de consumirlos.

UN PLUS

Cuando los saques del horno, puedes bañar los bollos con un almíbar preparado con dos partes de azúcar por una de agua.

BOLLITOS CON CHIPS DE CHOCOLATE

PERFECTOS PARA LAS MERIENDAS DE LOS MÁS PEQUEÑOS DE LA CASA

| 6 raciones

| 3 horas

| Dificultad media

INGREDIENTES

Leche	**100 g**
Yogur	**40 g**
Zumo de limón	**10 g**
Miel suave	**15 g**
Azúcar	**25 g**
Sal	**Una pizca**
Harina de fuerza	**220 g**
Levadura fresca	**6 g**
Mantequilla	**12 g**
Pepitas de chocolate	**90 g**
Huevo	**Para pincelar**

LA MASA

Mezcla la leche con el yogur y el zumo de limón y deja que la preparación repose a temperatura ambiente durante 15 minutos.

Remueve y añade la miel, el azúcar y la sal. Incorpora la levadura desmenuzada y, poco a poco, ve agregando la harina mientras remueves con una cuchara hasta que se integre toda y se forme una especie de masa grumosa.

Comienza el amasado. Puedes empezar en el mismo cuenco hasta que obtengas una masa lisa, agrega entonces la mantequilla hasta integrarla. Si necesitas rectificar un poco de harina, este es el momento.

Forma una bola, ponla en un cuenco engrasado, cúbrela y deja que fermente durante 1 hora o hasta que duplique su volumen inicial.

EL FORMADO

Vuelca la masa sobre la superficie de trabajo ligeramente enharinada o engrasada. Saca todo el gas a la masa, presionándola con los dedos, y estírala un poco. Esparce las pepitas de chocolate e intégralas en la masa. Divide la masa en porciones iguales, de unos 40 g más o menos, según el número o el tamaño de los bollos que quieras obtener.

Forma una bola con cada pedazo de masa y métela hacia dentro un poco, de forma que se cree algo de tensión, pero no demasiada, solo lo justo para que quede una superficie lisa en cada bollo.

Coloca los bollos sobre una bandeja de horno forrada con papel sulfurizado y barnízalos con huevo.

Deja que fermenten durante unos 40 minutos, o hasta que hayan aumentado de volumen.

EL HORNEADO

Vuelve a pincelar los bollos con huevo y hornéalos a 180 °C durante unos 15 minutos, o hasta que estén dorados.

Sácalos del horno y deja que se enfríen sobre una rejilla antes de servir, aunque recién hechos con el chocolate todavía fundido también resultan deliciosos.

UN PLUS

Congela los bollos recién hechos, una vez fríos, para tenerlos listos en cualquier momento. Así puedes aprovechar para hacer más cantidad.

SALTER

B
BRISTOW'S
BARLEY
SUGAR
MADE WITH
50% GLUCOSE
IN ACCORDANCE
WITH MEDICAL
REQUIREMENTS
ENTERED AT STATIONERS' HALL

CARACOLAS DE CREMA Y PASAS

COMO LAS DE LAS PASTELERÍAS

| 12 raciones
| 3 horas
| Dificultad alta

PARA LA MASA

Leche	**120 g**
Zumo de limón	**8 g**
Levadura fresca	**8 g**
Miel suave	**15 g**
Huevo (M)	**1**
Ralladura de naranja	**1 naranja**
Harina de fuerza	**275 g**
Sal	**Una pizca**
Azúcar	**30 g**
Mantequilla	**25 g**
Pasas	**70 g**
Licor de naranja	**1 vasito**
Huevo	**Para pincelar**

PARA LA CREMA

Leche	**250 g**
Azúcar	**60 g**
Yemas de huevo (M)	**2**
Maicena	**20 g**

PARA EL ALMÍBAR

Azúcar	**50 g**
Agua	**25 g**
Licor de naranja	**Unas gotas**

LA CREMA

Vierte en un cazo 200 g de leche entera junto con el azúcar. Calienta a fuego bajo para que el azúcar se deshaga. En un cuenco aparte, pon los otros 50 g de leche, en los que diluirás la maicena sin que queden grumos. Bate ligeramente las yemas de huevo, lo justo para que no haya coágulos, y agrégalas a esta mezcla de leche y almidón de maíz.

Cuando la leche esté a punto de hervir, retírala del fuego y, poco a poco, sin dejar de remover con unas varillas, vierte la preparación de las yemas. Cuando la añadas toda, pon el cazo de nuevo en el fuego y, removiendo continuamente, espera hasta a que la crema espese y adquiera una textura algo más densa que la de unas natillas. Ten mucho cuidado de que no llegue a hervir para evitar que se corte.

Retira la crema pastelera del fuego y cubre con film transparente, de modo que esté en contacto con la superficie de la crema para que no se forme una costra. Deja que la crema se enfríe del todo a temperatura ambiente y refrigérala hasta el momento de su uso.

LA MASA

Mezcla la leche con el zumo de limón y deja que repose durante unos 15 minutos. Transcurrido este tiempo, comprobarás que ha espesado y ha formado algunos grumos. Remueve un poco y agrega la levadura para que se deshaga. Incorpora la miel, el huevo batido y la ralladura de naranja, y mezcla bien con lo anterior.

Ahora, agrega poco a poco la harina, junto a la sal y el azúcar, y, con una cuchara, remueve para que se vaya formando la masa. Pasa a la superficie de trabajo y amasa hasta que obtengas una masa lisa y homogénea. Integra la mantequilla en dos o tres veces, de forma que antes de agregar el siguiente pedazo, el anterior esté bien ligado.

CARACOLAS DE CREMA Y PASAS

COMO LAS DE LAS PASTELERÍAS

Forma una bola, colócala en un cuenco ligeramente engrasado, cúbrela y deja que fermente hasta que duplique su volumen inicial.

EL FORMADO

Vuelca la masa en la superficie de trabajo ligeramente enharinada y sácale todo el gas presionando con las manos. Estírala con el rodillo formando un rectángulo de 1 centímetro de grosor, aproximadamente. Distribuye por encima la crema pastelera y las pasas escurridas, que habrás macerado previamente en el vasito de licor durante 1 hora.

Enrolla la masa sobre sí misma por la parte más larga de manera que forme un rulo. Con un cuchillo bien afilado, corta caracolas de dos dedos de grosor y colócalas sobre una bandeja de horno forrada con papel sulfurizado. Pincela con huevo y deja que fermente durante 1 hora, o hasta que casi dupliquen su volumen. Antes de hornear las caracolas vuelve a pincelarlas con el huevo batido.

EL HORNEADO

Hornea las caracolas a 180 °C hasta que se doren (aproximadamente unos 20 minutos, dependiendo del horno).

Mientras, prepara el almíbar. Para ello, hierve durante 2 minutos el azúcar y el agua. Agrega el licor de naranja y pincela las caracolas con el almíbar caliente en cuanto las saques del horno. Deja que las caracolas se enfríen antes de consumirlas.

UN PLUS

Cambia las pasas por frutos secos u otras frutas deshidratadas, como arándanos o grosellas, para transformar totalmente el sabor de estas caracolas.

ROSAS RELLENAS DE CHOCOLATE

UNA MASA FERMENTADA DIFERENTE CON HARINA FLOJA, QUE PUEDES RELLENAR DE LO QUE QUIERAS

| 6 raciones

| 3 horas

| Dificultad media

INGREDIENTES

Leche.................................. **100 g**
Levadura fresca..................... **8 g**
Huevo (XL)................................ **1**
Sal .... **Una pizca**
Azúcar................................... **35 g**
Harina de repostería....... **275 g**
Mantequilla .... **50 g**
Crema de cacao **Para rellenar**
Azúcar glas .... **Para decorar**

LA MASA

Mezcla la leche con la levadura de forma que esta se deshaga. Agrega el huevo batido junto a la pizca de sal, el azúcar y, poco a poco, la harina, mientras remueves con una cuchara. Amasa lo necesario hasta que obtengas una masa más o menos cohesionada.

Añade la mantequilla a temperatura ambiente en trozos pequeños y sigue amasando hasta obtener una masa lisa.

Forma una bola y ponla en un cuenco engrasado para que fermente durante al menos 1 hora, o hasta que duplique su volumen inicial.

EL FORMADO

Precalienta el horno a 180 °C con calor arriba y abajo, y sin aire.

Vuelca la masa sobre la superficie de trabajo ligeramente enharinada y sácale todo el gas con los dedos. Divídela en seis partes iguales, y, a su vez, cada una de ellas en tres, de modo que obtengas dieciocho trozos de masa.

Para formar cada una de las rosas necesitamos tres trozos. Estíralos con el rodillo formando un círculo y unta crema de cacao al gusto. Dobla por la mitad, y otra vez por la mitad, de manera que obtengas un pequeño triángulo.

Haz lo mismo con los otros dos trozos. Ahora únelos superponiendo la esquina superior derecha de cada uno para que quede uno sobre otro. Enrolla los tres triángulos y ¡ya tendrás tu rosa terminada!

Coloca la «rosa» sobre una bandeja de hornear cupcakes engrasada y ligeramente enharinada. Repite la operación con el resto de masa hasta tener todos los bollos formados, y deja que fermenten tan solo mientras el horno se está precalentando.

ROSAS RELLENAS DE CHOCOLATE

UNA MASA FERMENTADA DIFERENTE CON HARINA FLOJA, QUE PUEDES RELLENAR DE LO QUE QUIERAS

EL HORNEADO

Hornea las rosas a 180 °C con calor arriba y abajo, y sin aire durante 20 minutos, o hasta que estén bien doradas.

Retira la bandeja del horno y deja que los bollos reposen sobre una rejilla antes de decorarlos con azúcar glas y servirlos.

UN PLUS

Rellena estos bollos con otros sabores, como mermelada, semillas...

TRENZA DE YEMA Y NUECES

DELICIOSA, Y AUNQUE NO LLEVA HOJALDRADO EN LA MASA, PUEDE RECORDAR A LA TRENZA DE ALMUDÉVAR

| 1 trenza mediana

| 3 horas

| Dificultad alta

PARA LA MASA

Leche	**50 g**
Levadura fresca	**8 g**
Huevo (L)	**1**
Aroma de azahar	**6 g**
Ralladura de naranja	**1 naranja**
Harina de fuerza	**240 g**
Azúcar	**50 g**
Sal	**Una pizca**
Mantequilla	**50 g**

PARA EL RELLENO

Azúcar	**100 g**
Agua	**40 g**
Yemas de huevo (M)	**6**
Nueces	**Al gusto**
Almendra laminada	**Al gusto**

PARA EL ALMÍBAR

Azúcar	**50 g**
Agua	**25 g**
Aroma de azahar	**Unas gotas**

LA YEMA PASTELERA

Calienta el azúcar junto con el agua unos 2 minutos, hasta que hierva. En un recipiente aparte, rompe las yemas, pero no las batas, simplemente se tienen que romper y mezclar bien. Vierte sobre las yemas el almíbar en forma de hilo mientras remueves con rapidez con unas varillas para evitar que el huevo se cuaje. Vuelve a verter la preparación en el cazo y ponlo en el fuego. Cuece durante unos minutos a fuego medio, sin dejar de mezclar, hasta que la crema espese.

Cúbrela con film transparente, de manera que esté en contacto con la superficie de la crema para que no cree una costra, y deja que se enfríe mientras preparas la masa.

LA MASA

Deslíe la levadura en la leche. Mezcla con el huevo batido, el aroma de azahar y la ralladura de naranja. Añade, poco a poco, la harina junto con el azúcar y la pizca de sal, y amasa hasta que obtengas una masa más o menos ligada. Agrega la mantequilla en dos veces e intégrala bien antes de incorporar el resto. Debes amasar hasta conseguir una masa lisa y homogénea.

Forma una bola, colócala en un cuenco ligeramente engrasado, cúbrela y deja que fermente durante 1 hora.

EL FORMADO

Vuelca la masa sobre la superficie de trabajo ligeramente enharinada. Saca todo el gas a la masa con las manos y estírala formando un rectángulo de 1 centímetro de grosor.

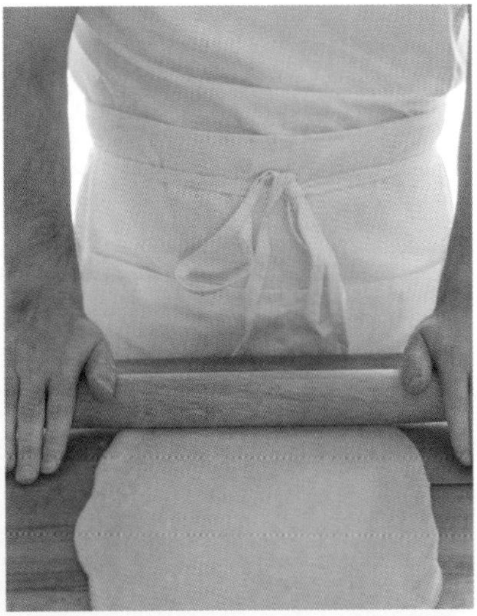
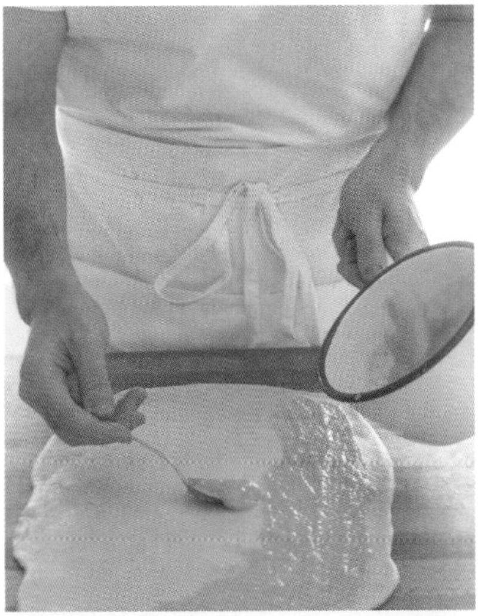
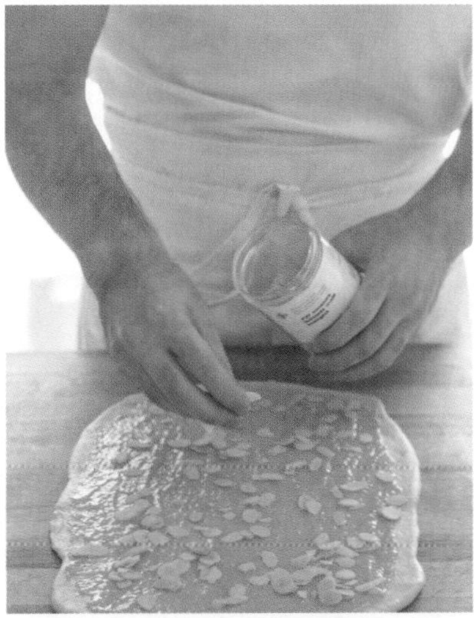

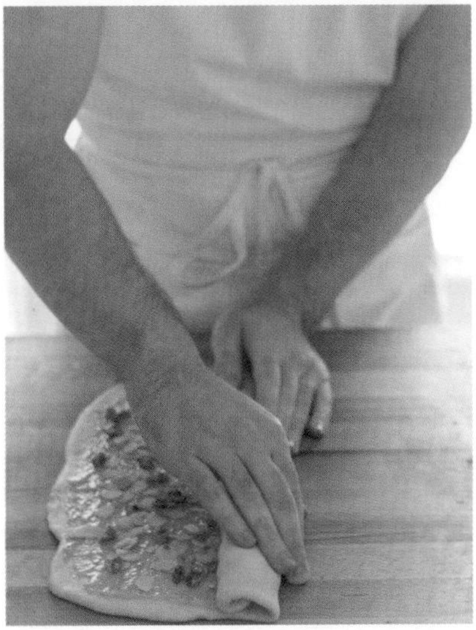
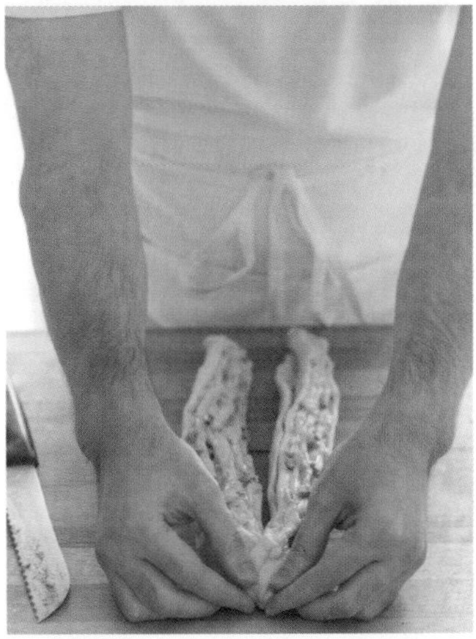
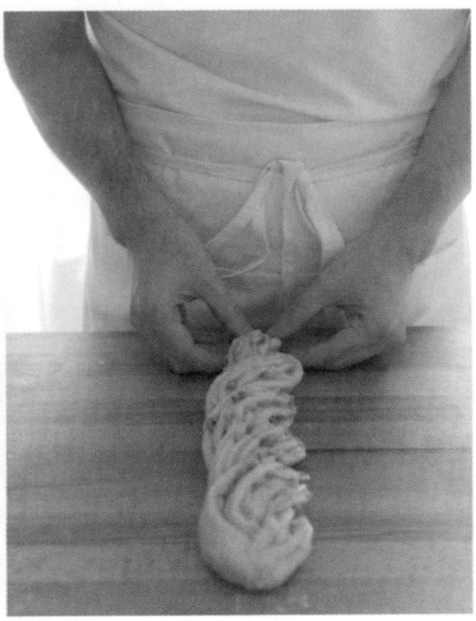
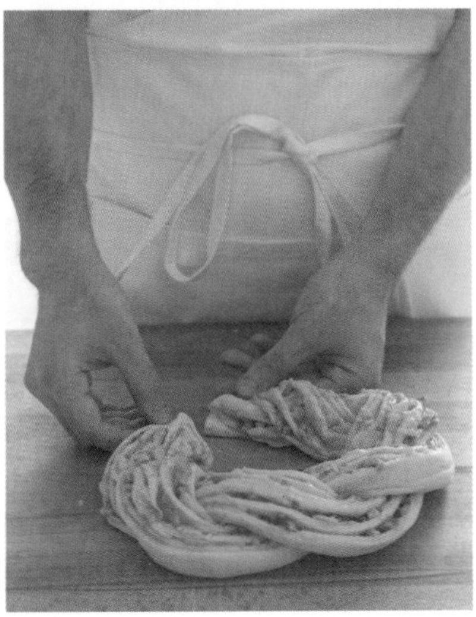

Reparte por encima toda la yema pastelera que has preparado previamente y cubre al gusto con nueces peladas troceadas y almendras laminadas.

Enrolla la masa sobre sí misma por el lado más largo formando un rulo. Córtalo en dos a lo largo y coloca la masa de forma que se vean hacia arriba las capas que hemos formado. Trenza los dos cabos y sella bien los bordes. Puedes hacer la trenza de forma redonda o dejarla tal cual, como prefieras.

Coloca la trenza con cuidado en una bandeja de horno forrada con papel sulfurizado y deja que fermente durante unos 40 minutos (no es preciso que aumente de tamaño en exceso, tan solo debe estar mullida).

EL ALMÍBAR

Hierve el azúcar y el agua durante 2 minutos, hasta que se forme un almíbar ligero. Agrega unas gotas de aroma de azahar y reserva mientras la trenza se hornea.

EL HORNEADO

Hornea la trenza a 200 °C con calor arriba y abajo unos 20 minutos, hasta que se dore. Retírala a una rejilla y glaséala con el almíbar caliente. Espera a que se enfríe antes de servirla.

UN PLUS

Si quieres, puedes prescindir de la yema pastelera del relleno, pero le da un sabor y una jugosidad extra que merecen la pena.

BOLLOS DE SANTA LUCÍA

DELICIOSOS BOLLOS DE AZAFRÁN Y CARDAMOMO DE SIGNE JOHANSEN

| 12 raciones

| 1 hora y media

| Dificultad media

INGREDIENTES

Leche.................................. **160 g**
Azafrán...................... **10 hebras**
Levadura fresca..................... **7 g**
Mantequilla.......................... **25 g**
Harina de fuerza.............. **250 g**
Semillas de cardamomo......... **4**
Azúcar.................................. **40 g**
Sal.............................. **Una pizca**
Huevo (M)................................. **2**
Cerezas deshidratadas............ **Al gusto**
Huevo.................. **Para pincelar**

LA MASA

Calienta la leche, junto a las hebras de azafrán y deja en infusión para que la leche adquiera color, y sabor. Añade la levadura para que se disuelva y la mantequilla para que se derrita.

Mezcla en un recipiente amplio la harina con el cardamomo, el azúcar y la sal. Vierte la leche y el huevo batido, y comienza a amasar.

Pasa la masa a la superficie de trabajo ligeramente enharinada y amasa hasta que esta esté suave y lisa.

Forma una bola y deja fermentar en un cuenco engrasado hasta que casi duplique su volumen inicial.

EL FORMADO

Vuelca la masa sobre la zona de trabajo y, con las yemas de los dedos, aplástala para eliminar todo el aire.

Divide la masa en seis partes iguales (puedes pesarlas para que todos los bollos sean iguales); dales forma de «ese» uniendo bien los extremos para que no se abran cuando los hornees, pon una cereza seca o pasa sobre cada unión y coloca los bollos con cuidado en la bandeja del horno forrada con papel sulfurizado.

Pincela cada bollo con huevo batido y deja que fermente de nuevo durante 30 minutos más, aproximadamente, hasta que hayan subido un poco.

BOLLOS DE SANTA LUCÍA

DELICIOSOS BOLLOS DE AZAFRÁN
Y CARDAMOMO DE SIGNE JOHANSEN

EL HORNEADO

Precalienta el horno a 180 °C con calor arriba y abajo, y sin aire.

Vuelve a pincelar los bollos con huevo, si lo deseas (esta vez con mucho cuidado para que la masa no baje), y hornea durante 20 minutos, más o menos, hasta que estén ligeramente dorados.

Deja que los bollos se enfríen sobre una rejilla antes de consumirlos.

UN PLUS

Estos bollos se preparan el día 13 de diciembre con motivo de la festividad de santa Lucía.

Puedes encontrar fácilmente cardamomo en las herboristerías.

BOLLOS DE CARDAMOMO

LOS BOLLOS ESPECIADOS TÍPICOS DE SUECIA

| 12 raciones

| 3 horas

| Dificultad media

PARA LA MASA

Mantequilla	**25 g**
Leche	**125 g**
Levadura fresca	**6 g**
Huevo (M)	**1**
Azúcar	**40 g**
Sal	**Una pizca**
Cardamomo molido	**Una pizca**
Harina panadera	**255 g**

PARA EL RELLENO

Mantequilla	**50 g**
Azúcar moreno	**50 g**
Cardamomo molido	**4 g**

DECORACIÓN

Huevo	**Para pincelar**
Azúcar perlado	**Al gusto**
Almendra laminada	**Al gusto**

LA MASA

Derrite la mantequilla y mézclala con la leche. Agrega la levadura y remueve con una cuchara para que se deshaga. Incorpora el huevo batido, el azúcar, la pizca de sal y el cardamomo. Mezcla de nuevo con una cuchara y añade poco a poco la harina hasta que se forme una pasta.

Pasa la masa a la superficie de trabajo, que puedes engrasar o enharinar muy ligeramente, y trabaja la masa hasta que esté lisa y brillante. Debes obtener una masa un poco grasa, pero manejable.

Forma una bola y deja que fermente cubierta en el cuenco durante 1 hora, o hasta que casi duplique su volumen inicial.

EL FORMADO Y EL RELLENO

Vuelca la masa sobre la superficie de trabajo ligeramente enharinada y sácale todo el gas con las manos. Estira la masa con el rodillo para formar un rectángulo de unos 4 milímetros de grosor.

Prepara el relleno mezclando la mantequilla a temperatura ambiente con el azúcar y el cardamomo hasta formar una pasta. Repártela por toda la superficie de la masa, dejando un espacio sin untar, que será donde sellemos el pliegue que haremos a continuación.

Dobla el rectángulo en tres. Imaginando las divisiones en tres partes iguales, llevamos la de la izquierda al centro y sobre ésta la de la derecha.

Corta tiras de masa de aproximadamente un dedo de ancho. Retuerce cada tira, formando un rulo, que debes unir en espiral.

Coloca el bollo en una bandeja de horno forrada con papel sulfurizado y repite este paso hasta que se termine toda la masa.

Pincela los bollos con huevo batido y deja que fermenten durante unos 40 minutos o algo menos si hace mucho calor (no deben aumentar demasiado de volumen), mientras precalientas el horno.

EL HORNEADO

Pincela de nuevo los bollos con huevo y espolvoréalos con azúcar perlado o almendras laminadas.

Hornéalos con el horno precalentado a 240 °C con calor arriba y abajo, sin aire durante 8 minutos. Deben tener la superficie y la base doradas, pero también tienen que estar muy blanditos. Esta forma de horneado a mucha temperatura durante un espacio corto de tiempo, nos asegura una superficie dorada con interior tierno y jugoso.

Deja que los bollos se enfríen en una rejilla antes de consumirlos. Se conservan perfectamente durante un par de días.

UN PLUS

El cardamomo puedes encontrarlo en forma de semilla o molido en cualquier herboristería.

BOMBAS DE CREMA

LA CREMA DE SIEMPRE CON UNA ADAPTACIÓN DE LA MASA DE JUSTIN GELLATLY. ¡MARAVILLOSAS!

| 12 raciones

| 3 horas

| Dificultad media

PARA LA MASA

Huevos (M) **2**
Ralladura de limón...................... **1/2 limón**
Agua.. **75 g**
Levadura fresca........................ **7 g**
Harina de fuerza.............. **275 g**
Azúcar..................................... **30 g**
Sal .... **5 g**
Mantequilla .... **60 g**

PARA LA CREMA

Leche..................................... **500 g**
Azúcar.................................. **100 g**
Yemas de huevo (M) **4**
Maicena................................ **40 g**

LA CREMA

Vierte en un cazo 400 g de leche junto con el azúcar. Calienta a fuego bajo para que el azúcar se deshaga. En un cuenco aparte, pon los otros 100 g de leche, en los que diluirás la maicena sin que queden grumos. Bate las yemas de huevo ligeramente, lo justo para que no haya coágulos, y agrégalas a esta mezcla de leche y almidón de maíz.

Cuando la leche esté a punto de hervir, retírala del fuego y poco a poco, sin dejar de remover con unas varillas, vierte la preparación de las yemas. Cuando la añadas toda, pon el cazo de nuevo en el fuego y, sin dejar de remover, espera hasta que la crema espese y adquiera una textura algo más densa que la de unas natillas. Ten mucho cuidado de que no llegue a hervir para evitar que se corte.

Retira la crema pastelera del fuego y cubre con film transparente, de modo que esté en contacto con la superficie de la crema para que no se forme una costra. Deja que la crema se enfríe totalmente a temperatura ambiente y refrigérala hasta el momento de su uso.

LA MASA

Mezcla los huevos batidos con la ralladura de limón y el agua. Añade la levadura y disuélvela. Por último, ve agregando poco a poco la harina, junto con el azúcar y la sal, y comienza a amasar los ingredientes hasta que cohesionen. Agrega la mantequilla en dos veces mientras amasas para que se integre. Debes obtener una masa lisa y homogénea.

Forma una bola, deja que fermente cubierta durante unos 30 minutos y refrigérala hasta el día siguiente.

BOMBAS DE CREMA

LA CREMA DE SIEMPRE CON UNA ADAPTACIÓN DE LA MASA DE JUSTIN GELLATLY. ¡MARAVILLOSAS!

EL FORMADO

Vuelca la masa sobre la mesa ligeramente enharinada y sácale todo el gas. Divide en porciones iguales de unos 35-40 g cada una. Forma bolas en la palma de la mano; no hace falta que las tensiones mucho, tan solo deben quedar lo más lisas posibles.

Coloca cada bola en la bandeja del horno sobre un cuadrado de papel sulfurizado y repite la operación hasta terminar de formar todas las bombas. Deja que fermenten hasta que casi dupliquen su tamaño original (dependerá, entre otros factores, de la temperatura ambiente).

LA FRITURA

Calienta abundante aceite en un cazo o una sartén honda de manera que haya el suficiente para que las bombas floten y no toquen el fondo. La temperatura debe situarse en torno a los 180 °C para que el bollo se dore y esté bien cocido por dentro.

Fríe las bombas (con el papel hacia arriba) unos 2 minutos por cada lado hasta que se doren ligeramente. Cuando el papel se suelte, retíralo. No les des varias vueltas, solo una por cada lado para que no absorban demasiado aceite. Deja que escurran sobre papel absorbente, rebózalas en azúcar y espera a que se enfríen antes de rellenarlas con la crema.

UN PLUS

También puedes rellenar las bombas con chocolate, crema de frutos secos, mermelada, o ¡dejarlas tal cual sin relleno!

DÓNUTS

CUANDO LOS PREPARES NO QUERRÁS PROBAR OTROS

| 18 raciones

| 3 horas

| Dificultad media

PARA EL FERMENTO

Levadura fresca	**6 g**
Leche	**60 g**
Harina de fuerza	**60 g**

PARA LA MASA

Leche	**65 g**
Miel suave	**15 g**
Huevo (L)	**1**
Yema (L)	**1**
Harina de fuerza	**220 g**
Azúcar	**35 g**
Sal	**Una pizca**
Canela	**Una pizca**
Vainilla	**Una pizca**
Mantequilla	**40 g**
Aceite de girasol	**Para freír**

PARA EL GLASEADO

Mantequilla	**60 g**
Azúcar glas	**100 g**
Agua	**2 cdas**

EL FERMENTO

Mezcla la levadura con la leche para que se deslía. Agrega la harina y remueve con una cuchara hasta que se integre bien. Cubre con un paño o film transparente y deja que fermente hasta que el fermento esté esponjoso y tenga burbujas. Según la temperatura ambiente, esta operación puede precisar 1 hora, más o menos.

LA MASA

Mezcla la leche con la miel, el huevo y la yema ligeramente batida. Agrega poco a poco la harina, junto con el azúcar, la sal, la canela y la vainilla mientras remueves con una cuchara. Cuando hayas agregado toda la harina, incorpora el fermento y comienza a amasar hasta que obtengas una masa suave y lisa. Puedes utilizar el método de amasados y reposos cortos, o lo que más te convenga.

Por último, añade la mantequilla en varias veces para que se integre poco a poco mientras amasas. Forma una bola y deja que fermente cubierta durante unos 30 minutos. Refrigera durante toda la noche.

Al día siguiente, saca la masa de la nevera y deja que se temple. Si ha subido lo suficiente, no tendrás más que esperar unos 45 minutos; en caso contrario, déjala un poco más antes de seguir con el formado de los dónuts.

EL FORMADO

Vuelca la masa sobre la superficie de trabajo y desgásala con las manos. Estira con el rodillo dejando un grosor de 1 centímetro más o menos, y, con un cortador para dónut o bien dos cortadores circulares, uno grande para el exterior y otro más pequeño para el interior, haz las formas de los bollos.

Colócalos con cuidado sobre una bandeja con papel sulfurizado (cada dónut en un cuadrado de papel para que luego sea más sencillo manipularlos) y deja que aumenten de tamaño hasta duplicar su volumen inicial.

LA FRITURA

Calienta abundante aceite en un cazo o sartén, de manera que haya el suficiente para que los donuts floten y no toquen el fondo. La temperatura debe situarse en torno a los 180 °C para que el bollo se dore y esté bien cocido por dentro.

Fríe los dónuts (con el papel hacia arriba) unos 2 minutos por cada lado hasta que se doren ligeramente. Cuando el papel se suelte, retíralo. No les des varias vueltas, solo una por cada lado para que no absorban demasiado aceite. Deja que se escurran sobre papel absorbente y pásalos a una rejilla para que se enfríen antes de glasearlos.

EL GLASEADO

Derrite la mantequilla y mézclala con el azúcar glas y el agua. Si está demasiado espeso, puedes agregar gotas de agua hasta que esté a tu gusto. Una vez que los dónuts estén fríos, glaséalos introduciendo la cara superior en la glasa y dejando que escurran sobre una rejilla hasta que se sequen. Lo mejor es consumirlos el mismo día que los prepares para que no se sequen y endurezcan.

UN PLUS

También puedes elaborar la glasa clásica de azúcar y agua si lo prefieres. No tienes más que agregar agua tibia al azúcar glas hasta conseguir la consistencia deseada.

BOLLOS DE MANTEQUILLA

LOS DE BILBAO DE TODA LA VIDA

| 14 bollos

| 3 horas

| Dificultad media

PARA LA MASA

Leche	**125 g**
Azúcar	**60 g**
Huevos (M)	**2**
Sal	**Una pizca**
Levadura fresca	**8 g**
Harina de fuerza	**375 g**
Mantequilla	**60 g**
Huevo	**Para pincelar**

PARA EL RELLENO

Azúcar	**75 g**
Agua	**30 g**
Yema de huevo (M)	**1**
Huevo (M)	**1**
Mantequilla	**150 g**

LA MASA

Mezcla la leche con el azúcar, los huevos batidos y la sal. Agrega la levadura y deshazla un poco. Añade la harina poco a poco mientras remueves con una cuchara. Cuando tengas una especie de masa grumosa, empieza a trabajarla: primero en el propio recipiente y luego en la superficie de trabajo ligeramente enharinada o engrasada hasta que obtengas una masa lisa y fina. Añade la mantequilla en trozos hasta integrarla. Forma una bola y deja que repose en un cuenco limpio engrasado durante 1 hora, o hasta que duplique su volumen inicial.

EL FORMADO

Vuelca la masa sobre la mesa engrasada o ligeramente enharinada y sácale por completo el gas presionando con las manos. Divide la masa en porciones de 50 g cada una, forma una bola, enharínate las manos y colócala sobre la mano izquierda; pon la mano derecha sobre la misma, con los dedos flexionados, y gira la mano en el sentido de las agujas del reloj de modo que notes cómo la bola se va tensando y tomando forma.

Coloca la bola de masa sobre la superficie de trabajo y presiona en los lados para cerrar la masa en la base del bollo y crear más tensión. Ahora haz que gire entre las dos manos suavemente sin apretar mucho como si quisieras hacer un rulo, para estirar un poco la masa y darle una forma un poco ovalada. Coloca el bollo sobre una bandeja de horno forrada con papel sulfurizado y repite la operación con el resto de trozos de masa hasta terminarlos.

Barniza los bollos con huevo batido y deja que reposen hasta que casi doblen su volumen inicial. A media fermentación podemos volver a pincelar los bollos, y justo antes de meterlos en el horno, una vez más.

BOLLOS DE MANTEQUILLA

LOS DE BILBAO DE TODA LA VIDA

EL HORNEADO

Hornea los bollos de mantequilla a 180 °C durante 10 minutos. El tiempo dependerá de cada horno, pero el bollo debe haber aumentado de tamaño y estar dorado. No debes cocerlos demasiado para que la miga no se reseque.

Saca los bollos del horno, déjalos en la bandeja 2 minutos y pásalos a una rejilla para que se enfríen y poder rellenarlos.

EL RELLENO

Vierte en un cazo el azúcar y el agua. Muévelo con cuidado para que se mezclen ambos ingredientes, pero no remuevas. Lleva a ebullición durante 2 minutos y retira del fuego. Deja que se temple mientras realizas el siguiente paso.

Aparte, bate el huevo y la yema hasta que espumen y crezcan, y se forme una crema blanquecina. Poco a poco, y sin dejar de batir, vierte el almíbar. Debes batirlo durante unos minutos hasta que se enfríe. Deja que repose a temperatura ambiente hasta que la crema esté del todo fría.

Por último, agrega la mantequilla a punto de pomada a la crema, sin dejar de batir. Si al principio parece que se corta, no te preocupes, puede deberse a que la crema aún está algo caliente. Sigue batiendo y se solucionará: obtendrás una crema suave y untuosa. Abre los bollos de mantequilla por la mitad con un cuchillo de sierra y unta la base con un poco de crema, cubre con la parte superior, y sírvelos.

UN PLUS

Estos bollos se pueden tomar solos o bien con un café, té o chocolate. Son perfectos para mojar.

LYONS
Dundee Cake
LYONS & COMPANY LTD. CADBY HALL. LONDON W.14

BOLA EXTRA

Y POR SI FUERA POCO, ESTE CAPÍTULO EXTRA CON FÓRMULAS DE MASAS Y PANES SALADOS QUE TE ENCANTARÁN. ¡MANOS A LA OBRA!

ESPIRALES DE PIZZA INTEGRAL

UNA FORMA DIFERENTE DE PRESENTAR TUS PIZZAS

| 12 raciones

| 1 hora

| Dificultad baja

PARA LA MASA

Harina de trigo integral	**300 g**
Levadura fresca	**8 g**
Agua	**200 g**
Aceite de oliva	**30 g**
Sal	**7 g**

PARA EL RELLENO

Salsa de tomate	**75 g**
Jamón cocido	**150 g**
Orégano	**Al gusto**
Albahaca	**Al gusto**

LA MASA

En un cuenco, mezcla la harina con la levadura y agrega el agua poco a poco, junto al aceite y la sal. Remueve hasta formar la masa. Puede que esté algo pegajosa y tengas que rectificar la harina, pero en todo caso es mejor que te engrases las manos para manejarla.

Se trata de una masa que no requiere mucho amasado, así que no tendrás ningún problema.

Forma una bola y colócala en un cuenco engrasado. Deja que fermente durante una hora o algo más, hasta que duplique su volumen inicial.

EL FORMADO

Enharina un poco la superficie de trabajo, vuelca la masa y sácale el gas completamente presionando con los dedos.

Estira la masa formando un rectángulo y corta los lados con un cuchillo para que todos sean iguales.

Pincha la base con un tenedor y cubre con salsa de tomate y orégano. Reparte el jamón cocido.

Enrolla la masa hacia ti, formando un cilindro, y corta rebanadas de unos 2 centímetros de grosor. Colócalas sobre una bandeja de horno forrada con papel sulfurizado y separadas entre sí. Pon un poco de queso encima de cada espiral de pizza y decora con albahaca, si lo deseas.

BEING
SHOULDNT BE

EL HORNEADO

Precalienta el horno a 200 °C con calor abajo, de solera.

Hornea las espirales de pizza en la rejilla inferior del horno (nivel 1), hasta que estén doradas. Dependiendo del horno, puede que tengas que poner el grill los últimos minutos si la parte superior de las espirales no se ha dorado mucho. El programa de calor solera de mi horno incorpora el ventilador, de manera que no lo necesito, así que hornea según el programa de tu horno.

Saca las pizzas del horno y sirve enseguida.

Si empleas una bandeja normal de pizza para hornear, no te olvides de espolvorearla con sémola y un poco de harina para que no se pegue. Si horneas con piedra, monta la pizza sobre la pala o bandeja cubierta con papel sulfurizado, de forma que puedas deslizar la pizza sobre la piedra con facilidad.

UN PLUS

Los ingredientes del relleno y las cantidades de los mismos son opcionales. Modifícalos a tu gusto.

PIZZA DE LACÓN Y QUESO GALLEGO

PIZZA DE MASA FINA Y CRUJIENTE, QUE EN ESTE CASO ACOMPAÑAMOS DE INGREDIENTES TÍPICAMENTE GALLEGOS

| 2 pizzas de 30 cm

| 1 hora

| Dificultad baja

PARA LA MASA

Harina	**300 g**
Polenta	**50 g**
Harina de maíz	**50 g**
Levadura fresca	**5 g**
Sal	**5 g**
Aceite de oliva	**1 cda**
Agua templada	**250 g**

PARA EL RELLENO

Salsa de tomate	**150 g**
Lacón	**400 g**
Mozzarella	**100 g**
Queso de tetilla	**100 g**
Albahaca	**Al gusto**
Orégano	**Al gusto**

LA MASA

Mezcla las harinas con la sal. Agrega la levadura desmenuzada y añade la cucharada de aceite. Vierte el agua ligeramente tibia a la vez que remueves y vas uniendo la harina hasta formar una masa correosa. La masa debe quedar blanda.

Pásala a la superficie de trabajo enharinada y amasa un poco, hasta que no se pegue a las manos, pero sí notes la humedad. No hace falta trabajarla mucho. Haz una bola y deja que repose tapada en un cuenco para que fermente hasta alcanzar casi el doble de su volumen inicial.

Saca el gas a la masa, deja que repose unos 15 minutos y dale forma.

EL RELLENO

Divide la masa en dos, estira una de ellas formando un círculo. La otra puedes congelarla para otro día. Pincha la base de la pizza con un tenedor, extiende el tomate por encima y reparte el resto de ingredientes: el lacón, los quesos y las especias.

EL HORNEADO

El horno debe estar muy caliente, a unos 250 °C con calor de solera (solo abajo). Introduce la bandeja de la pizza en la rejilla inferior y hornea hasta que la base esté lista. Estará a punto en unos minutos, así que no te despistes. Sirve bien caliente.

UN PLUS

En este caso he usado lacón desalado que simplemente he cocido. Puedes utilizar también fiambre de lacón si no encuentras el mismo que he puesto en la pizza.

EMPANADILLAS DE BONITO

PERFECTAS PARA UNA CENA INFORMAL O PICOTEO

| 20 raciones

| 2 horas

| Dificultad media

PARA EL RELLENO

Bonito
en aceite de oliva............ **400 g**
Pimiento verde........................... **1**
Cebolla grande........................... **1**
Huevo cocido (L) **1**
Tomate natural............... **5 cdas**
Sal .... **Una pizca**
Aceite de oliva .... **Para freír**

PARA LA MASA

Harina panadera............... **300 g**
Levadura fresca...................... **6 g**
Sal .... **6 g**
Agua templada.................... **90 g**
Aceite del relleno................ **90 g**

EL RELLENO

Calienta abundante aceite de oliva en una sartén. Pica la cebolla y el pimiento verde, y rehógalos hasta que la cebolla esté pochada. Añade el bonito escurrido y mezcla. Agrega también el tomate y una pizca de sal. Cuece un par de minutos y retira del fuego. Deja que repose un rato, escurre el relleno y reserva el aceite. Una vez esté frío el relleno, pica muy fino el huevo cocido y mezcla.

Reserva en la nevera hasta que prepares las empanadillas.

LA MASA

En un recipiente hondo mezcla la harina y la sal. Desmenuza la levadura y vierte encima el agua y el aceite del relleno poco a poco, mientras lo unes con la harina. Al principio puedes ayudarte de una cuchara de madera hasta que tengas la masa medio formada. Si la masa queda muy seca puedes agregar un poco más de líquido.

Enharina la superficie de trabajo. Amasa hasta obtener una masa lisa, similar a la del pan común, pero ligeramente grasa.

Forma una bola y deja que fermente aproximadamente durante 1 hora. Desgasa la masa y deja que repose unos 5 minutos.

EL FORMADO

Divide la masa en porciones iguales, del tamaño que convengas, para hacer las obleas de las empanadillas. Para ello, estira cada trozo con el rodillo enharinado hasta que te quede una masa muy fina y, con la ayuda de un cortador o aro, corta círculos de masa del tamaño que prefieras, pero que no sean muy pequeños.

EMPANADILLAS DE BONITO

PERFECTAS PARA UNA CENA INFORMAL O PICOTEO

Colócalos sobre cuadrados de papel sulfurizado (así resulta más fácil manipular las empanadillas para la fritura) y rellena cada oblea con un poco de relleno.

Cierra la empanadilla y fríela en aceite bien caliente hasta que esté dorada por ambos lados. Colócala sobre papel de cocina para que absorba el exceso de aceite y repite la operación hasta que se termine la masa y el relleno.

Estas empanadillas también se pueden hornear. No tienes más que pincelarlas con huevo batido y hornearlas a 180 °C hasta que estén doradas por ambos lados.

Puedes servir las empanadillas tanto frías como calientes, como prefieras. ¡Están igual de deliciosas!

UN PLUS

Puedes congelar la masa en forma de obleas para tenerlas listas en cualquier momento.

BAJAR
GO DOWN
PULPO
ZAMBURIÑAS
OSTRAS
NAVAJAS
CROQUETAS
EMPANADA
CHIPIRONES
CHORIZO al Infierno
PINCHO de Carne
PESCADO de la Ría
FILLOAS con chocolate...
QUEIMADA
con
Conxuro

GRISSINI

PARA PICAR ENTRE HORAS

| 40 raciones
| 2 horas
| Dificultad baja

INGREDIENTES

Agua .... **125 g**
Levadura fresca .... **7 g**
Aceite de oliva .... **25 g**
Harina panadera .... **250 g**
Sal .... **4 g**
Aceite .... **Para pincelar**
Semillas .... **Para decorar**

LA MASA

Mezcla el agua con la levadura para que se deslíe. Agrega el aceite de oliva y remueve para que los ingredientes se incorporen. Por último, añade la harina junto a la sal y comienza a amasar hasta que obtengas una masa más bien lisa.

Forma una bola con la masa y deja que fermente tapada en un cuenco ligeramente engrasado durante 1 hora o hasta que duplique su volumen inicial.

EL FORMADO

Enharina ligeramente la superficie de trabajo (o espolvorea un poco de semolina). Vuelca la masa y sácale todo el gas con las manos. Estírala con el rodillo hasta formar un rectángulo de medio centímetro de grosor. Corta tiras de masa de un dedo de ancho y haz que rueden entre las manos para formar cilindros muy finos de masa. Cuanto más finos sean los colines, mejor será el resultado.

Coloca los palitos de masa sobre una bandeja de horno forrada con papel sulfurizado. Cuando hayas terminado con toda la masa, pincela ligeramente los grissini con aceite de oliva y espolvoréalos con semillas variadas, o tan solo con un poco de sal, como prefieras.

EL HORNEADO

Hornea los colines en el horno precalentado a 200 °C durante unos 15 minutos, o hasta que empiecen a dorarse ligeramente, apenas un poco por los bordes. Retíralos a una rejilla y deja que se enfríen.

Consérvalos en un lugar fresco y seco para que no pierdan la textura crujiente, y consúmelos lo antes posible.

UN PLUS

También puedes preparar grissini de otros sabores agregando a la masa salsa de tomate, espinacas...

PAN DE HAMBURGUESA

PANECILLOS EXTRATIERNOS PERFECTOS PARA TUS HAMBURGUESAS CASERAS

| 10 raciones

| 3 horas

| Dificultad baja

INGREDIENTES

Leche	**215 g**
Levadura fresca	**10 g**
Huevo (XL)	**1**
Azúcar	**15 g**
Aceite de oliva	**20 g**
Harina de fuerza	**455 g**
Sal	**7 g**
Leche	**Para pincelar**
Semillas variadas	**Al gusto**

LA MASA

En un cuenco, mezcla la leche, la levadura, el huevo, el azúcar y el aceite. Añade la harina junto a la sal y remueve con una cuchara a medida que formas una masa pegajosa. Deja que repose durante 15 minutos.

Vuelca la masa sobre la superficie de trabajo ligeramente enharinada y amasa hasta que obtengas una masa lisa y que apenas se pega a las manos. Puedes utilizar la técnica de amasados y reposos cortos, o la que prefieras, ya que esta es una masa sencilla y no te costará manejarla.

Forma una bola, cúbrela y deja que fermente durante 1 hora. Transcurrido este tiempo, vuelca la masa sobre la mesa ligeramente enharinada o engrasada y sácale completamente el gas con las manos.

EL FORMADO

Corta la masa en porciones iguales. Puedes pesarlas, si lo deseas. Los gramos dependerán del tamaño de los bollos, pero, aproximadamente, cada panecillo necesita entre 70 y 80 g de masa.

Para formar cada pan, debemos «cerrar» la masa arremetiendo los bordes hacia el centro, de forma que creemos tensión. Para rematar y dar una forma perfecta, gira la bola de masa dentro de los dedos erguidos.

Coloca cada pan sobre una placa de horno forrada con papel sulfurizado, cubre con film transparente o con un paño y deja que los bollos fermenten hasta que casi hayan duplicado su volumen inicial. Esto dependerá de la temperatura de la cocina, pero en invierno pueden necesitar aproximadamente 1 hora.

PAN DE HAMBURGUESA

PANECILLOS EXTRATIERNOS PERFECTOS PARA TUS HAMBURGUESAS CASERAS

EL HORNEADO

Precalienta el horno a 180 °C con calor arriba y abajo, y sin aire.

Pincela los panes con un poco de leche y espolvorea por encima las semillas que más te gusten. En esta receta utilizamos sésamo sin tostar y semillas de amapola.

Hornea los panes durante unos 15 minutos, o hasta que estén dorados.

Retíralos del horno y deja que se enfríen sobre una rejilla antes de consumirlos.

UN PLUS

Puedes congelar el pan de hamburguesa; así, un día preparas una cantidad importante y los tienes listos para cuando los necesites.

Aromatiza la masa con orégano, albahaca u otras especias para darle un toque diferente a los panecillos.

PAN DE MOLDE

PERFECTO PARA UNAS TOSTADAS, UNOS SÁNDWICHES...

| 1 pan grande
| 3 horas
| Dificultad baja

INGREDIENTES

Leche	**350 g**
Levadura fresca	**10 g**
Azúcar	**20 g**
Sal	**8 g**
Mantequilla	**30 g**
Harina de fuerza	**500 g**
Aceite de oliva	**Para engrasar**

LA MASA

En un cuenco amplio, mezcla la leche con la levadura, el azúcar, la sal y la mantequilla derretida. Agrega poco a poco la harina mientras remueves con una cuchara de madera. Al terminar, obtendrás una masa muy hidratada difícil de manejar.

Unta la superficie de trabajo con aceite de oliva. Vuelca la masa (puedes ayudarte de una rasqueta), y, con las manos engrasadas, amasa durante 1 minuto (no hace falta esforzarse mucho). Deja que la masa repose durante 10 minutos y repite el proceso un par de veces más: amasado corto con reposo corto. Verás cómo poco a poco la masa se vuelve manejable y elástica.

Forma una bola y deja que fermente en un cuenco engrasado, cubierta con un paño, durante 1 hora.

EL FORMADO

Enharina ligeramente la superficie de trabajo. Vuelca la masa y sácale el gas presionando con los dedos.

Estírala con el rodillo formando un rectángulo. Pliega ambos lados unos 5 centímetros hacia el interior y empieza a enrollar la masa, haciendo tensión, desde arriba hacia ti, de forma que obtengas un rulo.

Coloca la masa en el molde engrasado y enharinado, y deja que vuelva a fermentar hasta que casi duplique su volumen inicial. El tiempo dependerá de la temperatura y las condiciones de tu cocina, pero puede precisarse entre 1 hora y 1 hora y media, más o menos.

PAN
DE MOLDE

PERFECTO PARA UNAS TOSTADAS, UNOS SÁNDWICHES...

EL HORNEADO

Precalienta el horno a 200 °C con calor arriba y abajo y sin aire.

Pincela el pan con un poco de leche y hornéalo durante 15 minutos. Baja la temperatura a 180 °C y hornéalo durante otros 30 minutos más, o hasta que el pan esté listo y dorado.

Saca el pan del horno y deja que se enfríe completamente sobre una rejilla antes de consumirlo.

Si utilizas un molde inglés cerrado, como en mi caso, y quieres que el pan esté más dorado, no tienes más que sacarlo del molde y hornearlo algunos minutos más sobre la rejilla del horno, poniendo el programa con ventilador para que el color sea uniforme por los cuatro lados.

UN PLUS

Una vez horneado y frío, puedes cortar rebanadas y congelarlas en bolsitas individuales. Para consumirlo basta con tostarlo directamente o dejar que se descongele a temperatura ambiente.

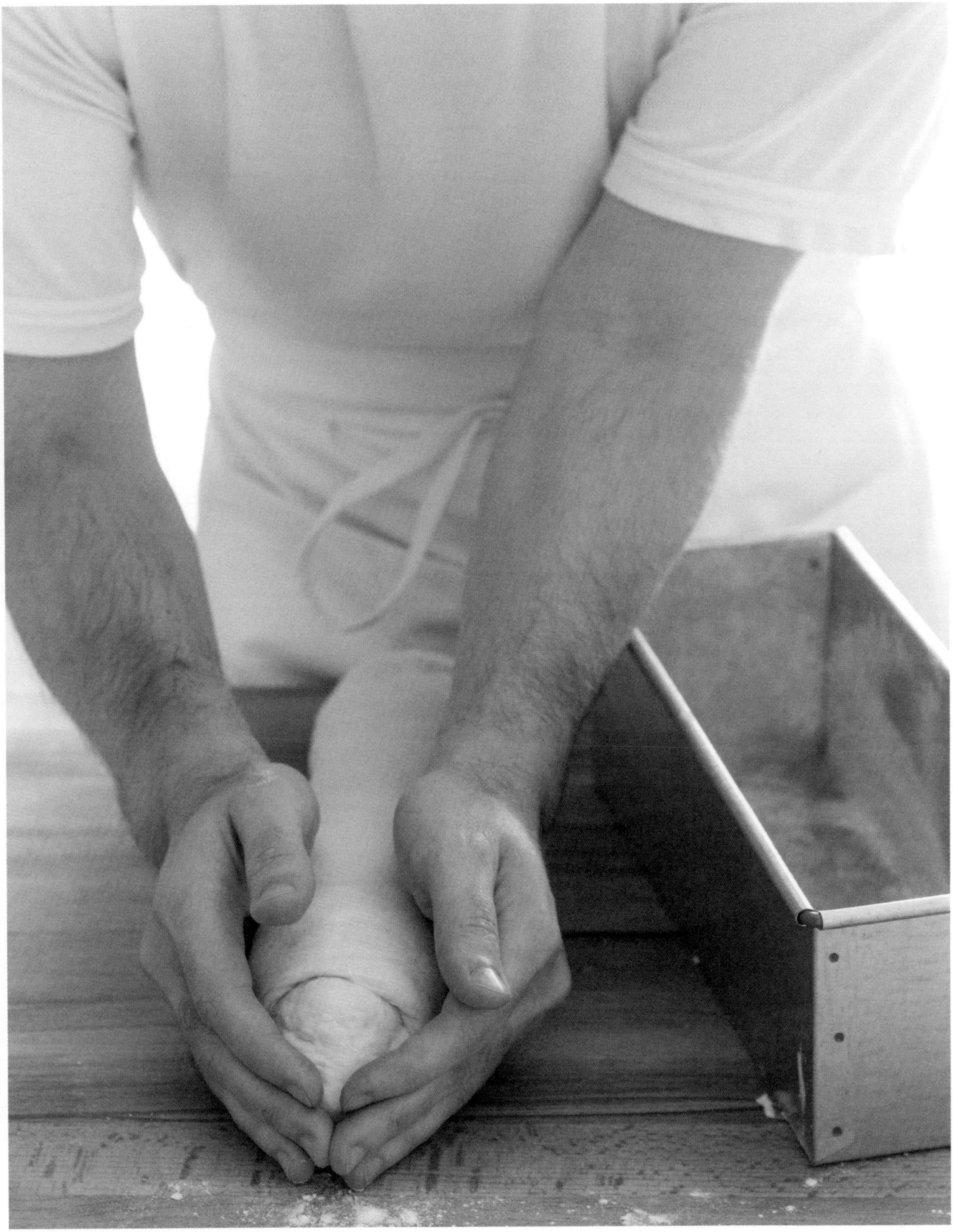

EMPANADA DE CARNE

SE TRATA DE UNA DE LAS EMPANADAS TÍPICAS DE LA ZONA INTERIOR DE GALICIA, DONDE LA REINA ES LA TERNERA GALLEGA.

| 1 empanada grande

| 1 hora y media

| Dificultad media

PARA EL RELLENO

Cebolla grande.............................. **1**
Puerro **1**
Pimiento rojo................................. **1**
Chorizos frescos........................... **2**
Panceta entreverada.......... **50 g**
Carne de ternera.............. **400 g**
Sal .... **Al gusto**
Aceite de oliva .... **Para freír**

PARA LA MASA

Harina panadera.............. **600 g**
Levadura fresca................... **12 g**
Sal .... **12 g**
Agua templada................. **190 g**
Aceite
del relleno previo............. **190 g**
Huevo.................. **Para pincelar**

EL RELLENO

En una cazuela grande y honda, calienta abundante aceite de oliva. Lava, seca y pica la cebolla, el puerro y el pimiento. Rehoga a fuego medio hasta que la cebolla esté transparente. Añade la panceta troceada en tiras finas y el chorizo sin piel, cortado en rodajas o en trozos regulares. Da unas vueltas al relleno durante un par de minutos.

Por último, agrega la carne cortada en trozos regulares; sala y rehoga un par de minutos más, para que apenas adquiera color la ternera (debes tener en cuenta que la empanada se horneará durante unos 40 minutos más o menos, y si cueces en exceso la carne, quedará dura).

Cuela la preparación, ya que vas a usar parte del aceite para elaborar la masa de la empanada, y reserva el relleno, cubierto con film transparente para que no se reseque, hasta que lo necesites.

LA MASA

En un cuenco grande y hondo, pon la harina y la sal, y mézclalos. Desmenuza la levadura y vierte el agua y el aceite del relleno poco a poco, mientras que a la vez lo remueves con la harina. Al principio puedes ayudarte de una cuchara de madera hasta que la masa haya adquirido una textura semejante a «un engrudo», es decir, medio ligada. Si hubiese que rectificar el líquido porque la masa estuviera un poco seca, este es el momento.

Enharina ligeramente la superficie de trabajo. Amasa hasta obtener una masa más o menos lisa, más bien dura, como la del pan común, pero extensible y muy manejable. Debe ser un poco grasa (debes notar la humedad del aceite, pero no debe pegarse a las manos). Forma una bola y deja que fermente aproximadamente durante 1 hora, hasta que casi duplique su volumen inicial.

EMPANADA DE CARNE

SE TRATA DE UNA DE LAS EMPANADAS TÍPICAS DE LA ZONA INTERIOR DE GALICIA, DONDE LA REINA ES LA TERNERA GALLEGA.

Precalienta el horno a 180 °C con calor arriba y abajo y sin aire.

Saca el aire de la masa presionándola suavemente con las manos. Deja que repose durante 5 minutos para que sea más sencillo manejarla y no se encoja. Divide la pieza en dos trozos, uno ligeramente más pequeño que el otro. Estira el trozo más grande en forma de círculo, ya que será la base de la empanada.

Coloca la base sobre la bandeja del horno previamente enharinada o forrada con papel. Pincha con un tenedor toda la superficie y vierte el relleno de carne. Cubre con la otra parte de masa y cierra los bordes, metiendo la masa hacia dentro, a la vez que haces un rollo. Practica un pequeño agujero en la tapa para que la empanada «respire». Pincélala con el huevo batido.

EL HORNEADO

Hornea la empanada con calor arriba y abajo, sin aire, al nivel 3, durante unos 40 minutos, o hasta que la empanada esté dorada y la masa cocida.

Pasa la empanada a una rejilla o fuente, pincela ligeramente con un poco de aceite del relleno, o con aceite normal (también puedes humedecer un poco de papel de cocina y pasarlo por la empanada; la idea es que no quede demasiado aceitosa). Sírvela tibia, acompañada de una ensalada mixta de lechuga, tomate y cebolla, como se hace tradicionalmente.

UN PLUS

Si no tienes harina panadera, puedes usar harina de trigo común (no tiene que ser de fuerza).

TORTILLAS DE HARINA

LAS CLÁSICAS TORTILLAS PARA FAJITAS

| 12 tortillas

| 1 hora

| Dificultad baja

INGREDIENTES

Harina	**250 g**
Sal	**5 g**
Levadura química	**2 g**
Manteca de cerdo	**50 g**
Agua caliente	**125 g**

LA MASA

Mezcla la harina con la sal y la levadura. Añade la manteca (o en su defecto aceite de oliva o mantequilla) y amasa hasta conseguir una especie de migas. Vierte el agua poco a poco mientras remueves y formas la masa. El resultado debe ser una masa blanda, no pegajosa. Rectifica la harina o el agua si fuese necesario.

Divide la masa en porciones del mismo tamaño, cúbrelas y deja que reposen durante media hora. Espolvorea ligeramente la superficie de trabajo con harina y estira cada bola formando un círculo fino.

LA COCCIÓN

Si no tienes un comal, utiliza una plancha o una sartén para cocer las tortillas. Puedes engrasarla ligeramente pasando por la base un papel de cocina untado en aceite. Con la plancha bien caliente, cuece cada tortilla por ambos lados, dando la vuelta cuando la masa cree burbujas.

Retira a un plato y cubre con un paño mientras haces el resto, para que se conserven calientes. Consume de inmediato.

UN PLUS

Puedes hacer las tortillas con antelación y congelarlas justo antes de la cocción. Estira la masa y congela cada tortilla separada por papel sulfurizado, y después envuélvelas en film transparente. Para utilizarlas basta con dejar que se descongelen a temperatura ambiente.

BISCOTTI SALADOS

PERFECTOS PARA TOMAR CON QUESOS O PATÉ

| 24 raciones

| 1 hora

| Dificultad baja

INGREDIENTES

Mantequilla .... **25 g**
Huevos (M) **2**
Sal .... **5 g**
Harina de maíz .... **20 g**
Harina de trigo .... **200 g**
Levadura química.... **Una pizca**
Pasas .... **75 g**

LA MASA

Precalienta el horno a 180 °C con calor arriba y abajo y sin aire.

Derrite la mantequilla y deja que se temple. Mientras, en un cuenco bate los huevos junto a la sal; agrega la mantequilla y, poco a poco, las harinas con la levadura a la vez que formas la masa. Por último, añade las pasas y distribúyelas por toda la masa.

Forma un rulo fino, ya que el pan aumentará un poco de volumen en el horno, y colócalo sobre una bandeja de hornear con papel sulfurizado.

EL HORNEADO

Hornea la barrita durante unos 20 minutos, o hasta que esté dorada. Sácala del horno, deja que se temple unos 10 minutos, y, con la ayuda de un cuchillo de sierra, corta rebanadas de medio centímetro de grosor. Colócalas de nuevo sobre la bandeja y hornea a 160 °C unos 10 minutos por cada lado, o hasta que ambos lados de los biscotti estén ligeramente dorados.

Retíralos del horno y consérvalos en lugar fresco y seco. Lo ideal es una lata hermética, para evitar la humedad.

UN PLUS

Para esta receta utiliza harina panadera o normal de trigo. La harina de maíz es amarilla, y se obtiene de la molienda del maíz. Si no la encuentras, usa la misma cantidad de harina normal.

FOCACCIA

TIERNA MASA DE PAN PARA CUBRIR CON LOS INGREDIENTES QUE MÁS TE GUSTEN

| 6 raciones

| 2 horas

| Dificultad baja

PARA LA MASA

Harina panadera	**400 g**
Sal	**8 g**
Levadura fresca	**10 g**
Agua	**310 g**
Aceite de oliva	**Para engrasar**

PARA EL RELLENO

Aceite de oliva	**Al gusto**
Perejil	**1 ramillete**
Ajo	**1 diente**
Tomates cherry	**12**

LA MASA

Mezcla la harina con la sal. Añade la levadura y el agua mientras remueves con una cuchara. La masa resultante está muy hidratada, casi como una pasta. Deja que repose en el cuenco durante unos 15 minutos. Engrásate un poco la mano con aceite y haz varios pliegues en la masa sin sacarla del cuenco. Deja que la masa repose 5 minutos.

Repite este paso dos veces más. La masa resultará mucho más manejable. Si lo prefieres, también puedes engrasar un poco la superficie de trabajo y trabajar la masa sobre la misma. Una vez que hayas hecho 5 ciclos de pliegues y reposos, cubre la masa con film engrasado y deja que fermente durante 1 hora.

EL FORMADO

Transcurrido este tiempo, forra una bandeja de horno con papel sulfurizado, o bien engrásala con aceite. Coloca la masa sobre la misma, y, con las yemas de los dedos, presiónala a la vez que la estiras para que tenga un grosor de 1 centímetro más o menos.

Reparte el relleno por toda la superficie: los tomates cherry y el perejil triturado junto al ajo y el aceite.

EL HORNEADO

Hornea la focaccia a 200 °C con calor arriba y abajo hasta que se dore.

UN PLUS

Este es solo un ejemplo de ingredientes con los que cubrir la focaccia. Puedes dejar volar tu imaginación y probar todas las combinaciones que se te ocurran.

PAN ENROLLADO DE PESTO, QUESO Y AJO

ES UN PAN TIERNO Y JUGOSO CON UN TOQUE DE QUESO Y UNA PRESENTACIÓN DIFERENTE

| 1 pan pequeño

| 3 horas

| Dificultad baja

PARA LA MASA

Agua	**200 g**
Levadura fresca	**8 g**
Azúcar	**4 g**
Sal	**7 g**
Queso parmesano	**45 g**
Harina de fuerza	**325 g**
Aceite de oliva	**Para engrasar**

PARA EL RELLENO

Perejil	**1 ramillete**
Ajo	**1 diente**
Aceite de oliva	**1 cda**

LA MASA

En un cuenco amplio, vierte el agua y la levadura para disolverla. Añade el azúcar, la sal, el queso en polvo o rallado y, por último, la harina poco a poco mientras mezclas con una cuchara.

La masa resultante es bastante pegajosa, pero deja que repose 10 minutos y será más manejable. Engrásate un poco la mano con aceite y amasa en el cuenco dando varios plegados. Deja que la masa repose tapada durante 1 hora.

EL FORMADO

Sácale el gas a la masa con las manos. Estírala formando un rectángulo de manera que tenga un grosor de medio centímetro. Esparce por encima el relleno que habrás hecho triturando los ingredientes.

Enrolla la masa por el lado más largo sobre sí misma formando un rulo. Corta a lo largo el rollo con la ayuda de un cuchillo bien afilado de forma que obtengas dos tiras iguales. Trénzalas y coloca el pan en un molde de 20 centímetros engrasado y ligeramente enharinado. Cubre el molde y deja que el pan fermente durante otra hora más, o hasta que haya duplicado su volumen inicial.

EL HORNEADO

Hornea el pan enrollado a 175 °C durante 35 minutos, o hasta que esté dorado. Retira del horno y deja que se enfríe sobre una rejilla.

UN PLUS

El queso, además de sabor, aporta a la masa una esponjosidad y una jugosidad extra.

GLOSARIO

DE PICTOGRAMAS Y TÉRMINOS

Horno

Microondas

Cuenco con varillas

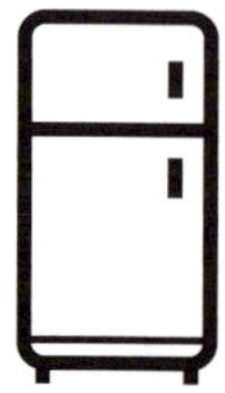

Nevera

Cazo

Sartén

Robot de cocina

Batidora de varillas

¿CÓMO SE UTILIZA ESTE LIBRO?

En general he querido hacer un libro asequible para todos. Encontrarás recetas aptas para todos los niveles de conocimiento. Los capítulos están ordenados por orden de dificultad. Así en los primeros se recopilan fórmulas muy sencillas y básicas, hasta llegar a los dos últimos capítulos, en los que la paciencia y un poquito más de experiencia pueden ser necesarios para elaborar las recetas.

De todos modos, como sabéis, todas mis propuestas se resuelven perfectamente y, para cualquier duda o consulta, podéis encontrarme en nuestro blog o en redes sociales: @UnodedosRecetas

Como pauta general a seguir, recomiendo que los ingredientes sean de primera calidad para obtener buenos resultados. Deben estar a temperatura ambiente, a no ser que se indique lo contrario.

INGREDIENTES

Chocolate: utiliza el chocolate indicado para postres, fondant o que sirva para cobertura.

Harina: si en la receta no se indica el tipo de harina, es que se trata de harina normal de trigo de todo uso, de la del supermercado. En caso contrario, ya indico la harina utilizada en el apartado de los ingredientes.

Huevos: siempre deben ser frescos y, si no se indica el tamaño, será mediano, M (53-63 g). En algunas recetas también utilizamos huevos de mayor tamaño: L (63-73 g) y XL (73 g o más).

Impulsor químico o levadura química: la marca utilizada es Royal®, así que los gramos expresados en los ingredientes son para dicha marca. Si utilizas otra diferente, comprueba la equivalencia para los gramos de masa.

Leche: siempre utilizo leche entera para los postres, y es la que recomiendo por su contenido en grasa.

Levadura de panadería: puedes utilizar indistintamente levadura seca o fresca en las recetas de masas fermentadas. Recuerda que la equivalencia entre una y otra es de 1/3, así que por cada 15 g de levadura fresca, puedes utilizar 5 g de levadura seca.

Mantequilla: utiliza una mantequilla de buena calidad. No hace falta que la busques sin sal, ya que ese puntito aportará más sabor a nuestros postres, pero tampoco te decantes por una mantequilla salada. El extremo tampoco es válido.

Nata: la que utilizo para postres es la que en el envase indica «para montar» con un 35 % de materia grasa.

TÉCNICAS

Amasar: en las recetas de masas fermentadas que requieren de amasado en su elaboración puedes ayudarte de un robot amasador, aunque por supuesto también puedes hacer este paso a mano. Recuerda que, si no tienes mucha experiencia, una técnica muy útil es la de amasados y reposos cortos, para que el gluten se desarrolle y no tengas que hacer mucho esfuerzo.

Baño María: para utilizar está técnica es necesario el uso de dos recipientes, uno más grande en el que introduciremos agua caliente y que estará sobre el fuego u horno, y otro de diámetro menor que irá dentro del mayor y en el que introduciremos el ingrediente a templar. De este modo calentaremos suavemente el producto que queramos, como por ejemplo chocolate para fundir.

Fundir chocolate: esta acción se puede llevar a cabo, bien al baño María (ver arriba), o bien en el microondas, en intervalos de tiempo muy cortos, para evitar que se queme.

Mantecar: utilizamos esta técnica para referirnos al montaje de helados. Es el proceso de batido y congelación para que la mezcla base coja aire y textura mientras se congela. Podemos hacerlo manualmente o con máquina heladora.

Refrigerar: algunas preparaciones de este libro necesitan reposo en frío para su preparación. En cada receta se especifica el tiempo de enfriado y dónde es más conveniente hacerlo, si en nevera o congelador.

AGRADECIMIENTOS

SIN ELLOS NO HUBIERA SIDO POSIBLE

A Joseba, por acompañarme sin quejas en todas mis aventuras y por ser el mejor compañero de locuras que pudiera imaginar.

A mi madre y a mis abuelas, porque de uno u otro modo sin ellas probablemente no cocinaría como lo hago. A **mi padre y mis hermanos,** porque se lo comen todo sin rechistar y siempre tienen buenas palabras. **A mis tíos,** por confiar en nuestras ideas, y a mi **familia política**, que sin su ayuda no sería posible este embarque.

A Eva, Jordi, Àngels, Esther..., por confiar en nuestro proyecto y hacernos sentir cómodos en todo momento escuchando nuestras propuestas, dejándonos crear NUESTRO LIBRO.

A María y Eduardo, porque sin conocerme de nada pusieron toda la carne en el asador.

A Miriam y Sandra, por ser las mejores compañeras. **A mis norteñas María José, Natalia y Patricia,** las más especiales, siempre al pie del cañón y sin las cuales internet sería muy aburrido. ¡Galicia power!

A Salva y Almudena, por hacer las cosas bien y hacernos un hueco en su obrador.

A Manoli, por traernos los mejores productos gallegos a Sestao.

A Nico, por aconsejarnos y ayudarnos en la maquetación del libro.

A Cris y Graciela, por hacernos el logotipo más bonito del mundo.

A mis compañeros blogueros, por servirme de inspiración en muchas ocasiones.

A todos nuestros seguidores, porque sin ellos nada de esto sería posible. Esperamos que disfrutéis mucho de este trabajo.

ENLACES DE INTERÉS

NUESTROS PROVEEDORES

PRODUCTOS DE REPOSTERÍA Y UTENSILIOS

María Lunarillos www.marialunarillos.com

MENAJE

Ball www.ball.com

Cosas con Encanto cosasconencanto.com

Emile Henry www.emilehenry.com/ies/es

Greengate www.greengate.dk

Ib Laursen www.iblaursen.dk

Le Creuset www.lecreuset.es

Maison Artist www.maison-artist.com

Miss Etoile www.missetoile.dk

Quadrifoglio www.quadrifoglio.es

Rosanna www.rosannainc.com

Sabre www.sabre.fr

Seletti www.seletti.it

Weck weckjars.com

ALIMENTACIÓN

Aceites Abril www.aceitesabril.com

El Amasadero www.elamasadero.com

Genuinus www.genuinus.com

HarinArin www.harinarin.com

Naranjas La Arroba www.naranjaslaarroba.com

ÍNDICE DE RECETAS

POR CAPÍTULOS

SOY CINTURÓN BLANCO

DE BOTE EN BOTE

POR AMOR A HELARTE

SOS, QUIERO QUEDAR COMO DIOS

GALICIA EN VENA

CON MASAS Y A LO LOCO

BOLA EXTRA

ÍNDICE DE RECETAS

POR ORDEN ALFABÉTICO

L

M

O

P

R

S

T

V